生态文明制度构建中的中国森林资源核算研究

China's Forest Resources Accounting in the Context of Ecocivilization Institutional Development

「中国森林资源核算研究」项目组◎编

中国林业出版社

内蒙古阿尔山国家森林公园驼峰岭天池（刘兆明　摄影）

图书在版编目（CIP）数据

生态文明制度构建中的中国森林资源核算研究：平装本/“中国森林资源核算研究”项目组编. —— 北京 ：中国林业出版社，2015.2

ISBN 978-7-5038-7858-9

Ⅰ.①生… Ⅱ.①中… Ⅲ. ①森林资源－经济核算－研究－中国 Ⅳ. ①F307.26

中国版本图书馆CIP数据核字（2015）第027357号

策 划 金 旻

编 辑 于界芬 于晓文

出 版 中国林业出版社（100009 北京西城区德内大街刘海胡同7号）

网 址 www.cfph.com.cn

E-mail cfph@public.bta.net.cn

电 话 (010) 83143542

发 行 中国林业出版社

印 刷 北京雅昌艺术印刷有限公司

版 次 2015年2月第1版

印 次 2015年2月第1次

开 本 1/16

印 张 17.5

字 数 252千字

定 价 138.00元

“中国森林资源核算研究”
项目组成员

项目领导小组

组　长　赵树丛　马建堂

副组长　张建龙　孙扎根　许宪春

项目专家指导委员会

主　任　江泽慧

副主任　许宪春　李文华

委　员　张新时　蒋有绪　唐守正　尹伟伦
　　　　李家洋　方精云　叶文虎　胡鞍钢
　　　　牛文元　盛炜彤　彭镇华　宋维明
　　　　黄守宏　吴晓松　褚利明　程子林
　　　　彭有冬　封加平　郝燕湘　张守攻

项目主要参研人员

（按姓氏笔画排序）

丁访军　王　丹　王　兵　王宏伟
王益烜　王登举　牛　香　江泽慧
师贺雄　吕光辉　刘　珉　刘世荣
刘建杰　刘春江　刘俊昌　刘祖英
闫宏伟　孙　建　李云霄　李少宁

李晓华　李智勇　杨学云　杨锋伟
何彦然　余新晓　汪金松　宋庆丰
张鑫　张志涛　张维康　张煜星
周梅　周宏春　房瑶瑶　赵鹏武
胡章翠　费本华　涂济德　涂雄飞
高敏雪　郭慧　黄东　黄国胜
崔嵬　彭有冬　彭道黎　蒋立
程予林　鲁绍伟　曾伟生　谢春华
谢高地　潘勇军　薛沛沛　戴广翠
魏文俊　魏江生

项目统稿组

彭有冬　胡章翠　戴广翠　刘世荣
王兵　李智勇　王益烜　王登举
张志涛　蒋立　汪金松　师贺雄
高敏雪　涂雄飞　谢春华　黄东

项目秘书处

秘书长　彭有冬

副秘书长　胡章翠　王益烜　孙建　涂济德　刘世荣　戴广翠　费本华　李智勇　张煜星

成员　涂雄飞　闫宏伟　黄东　刘建杰　吕光辉　杨锋伟　谢春华　李晓华　王兵　张志涛　黄国胜　夏恩龙

序一

森林是人类生存发展的物质基础和生态支撑，也是一个国家一个民族最大的生存资本和绿色财富。党的十八大强调，着力推进绿色发展，把资源消耗、环境损害、生态效益纳入经济社会发展评价体系。十八届三中全会进一步要求，探索编制自然资源资产负债表，对领导干部实行自然资源资产离任审计，实行资源有偿使用制度和生态补偿制度。贯彻落实党中央的这些重大决策部署，必须建立综合环境经济核算体系，及时准确掌握我国森林等自然资源资产总量及其动态变化情况，科学反映森林资源在经济社会发展中的重要作用。

开展自然资源核算研究是联合国等国际组织与经济学界长期关注的前沿领域。其中，森林资源因具有生态、经济、文化等多种功能，以及动态、复杂、多样等鲜明特点，准确量化森林资源与经济活动的相互作用、相互影响是当前的一项世界性难题。早在2004年，国家林业局和国家统计局就联合开展了绿色国民经济框架下的中国森林核算研究，构建了我国基于森林的国民经济核算框架，并核算了全国林地林木资源和森林生态服务的物质量与价值量。2008年，中国林业科学研究院依据第七次全国森林资源连续清查结果，评估了我国森林资源的主要生态服务价值。

2013年5月，国家林业局和国家统计局联合启动了新一轮中国森林资源核算研究工作。项目研究由江泽慧教授领衔，来自中国科学院、中国人民大学、北京林业大学、中国林业科学研究院、国际竹藤中心、国家林业局经研中心等单位的近百位两院院士和知名专家参加。本次研究借鉴了《环境经济核算体系(2012)》等国际上的最新研究成果，结合了现行国民经济核算体系，开展了中国森林资源核算与绿色经济评价指标体系研究，构建了中国森林资源核算的理论框架和基本方法，并以全国森林资源清查结果和生态定位站网络长期观测数据为基础，核算了我国林地林木的资产价值和森林生态系统每年提供的生态服务价值。这项研究的基础数据、研究方法、研究过程是科学严谨的，对于完善我国国民经济核算体系、编制自然资源资产负债表、充分发挥市场在森林资源配置中的决定性作用等具有十分重要的意义，同时也有助于全社会科学认识森林资源的功能与价值，更加自觉地保护和发展森林资源，更好地推进生态文明和美丽中国建设。

目前，这项研究已经取得阶段性成果。截至2012年年末，全国林地林木资产总价值21.29万亿元，其中林地资产7.64万亿元、林木资产13.65万亿元。按照当年全国13.54亿人口计算，相当于人均拥有森林财富1.57万元。我国森林生态系统每年提供的生态服务总价值12.68万亿元，相当于2013年全国GDP的22.3%，是全国林业产业总产值4.73万亿元的2.68倍，平均约为每位国民提供价值0.94万元的生态服务。这些研究结果准确反映了我国森林资源资产总量及其生态服务价值，既表明我国林业建设已经取得显著成效，又表明我国人均拥有的森林财富和享受的生态服务还处在较低水平，难以满足经济社会可持续发展和人民群众对良好生态的迫切需求。

希望各级林业部门科学看待和积极应用项目研究成果，切实增强责任意识和担当精神，始终把培育和保护森林资源作为林业工作的重中之重，继续深化林业改革，创新林业体制机制，转变林业发展方式，完善生态文明制度，加快推进林业治理体系和治理能力现代化，如期实现我国森林资源发展目标，进一步提升生态林业民生林业发展水平，为全面建成小康社会、实现中华民族伟大复兴的中国梦不断创造更好的生态条件。

2015年1月30日

Foreword 1

Forests are the material foundation and ecological support of human survival and development, as well as the largest survival capital and green wealth for a nation. The 18th session of CPC National Congress emphasized the green development and came up with the inclusion of the indicators of resources depletion, environment damages and ecological benefits into the socioeconomic development evaluation system. The 3rd Plenary Session of the 18th CPC Central Committee posed further requirements to explore the development of nature resource assets balance sheet, carry out the off-office auditing of nature resources assets against cadres and leaders, and implement the paid use of resources and ecological compensation system. To fulfill these significant decisions, we must establish a comprehensive accounting system for environment and economy, to accurately and timely understand the total quantity of nature resources assets and their dynamics and scientifically reflect the important roles of forest resources in the socioeconomic development.

The research on nature resources accounting is the frontline field attracting the attention from international organizations, including the United Nations, and economics community, while the accurate quantification of the interaction between forest resources and economic activities is a worldwide problem due to the multiple ecological, economic and cultural functions of forests and their salient features like dynamic change, complexity and diversity. As early as in 2004, the State Forestry Administration (SFA) and the National Bureau of Statistics (NBS) jointly implemented the research on China's Forest Accounting within the Green National Economic Framework. In this research, the forest-based China's national economic accounting framework was built and the amount of matter and value of forest and forestland resources and forest ecosystem services was accounted. In 2008, the Chinese Academy of Forestry valuated the main ecological services provided by forest resources in China based on the results of the 7th national forest resources inventory.

In May 2013, the SFA, together with the NBS, launched a new round of research on China's forest resources accounting. The research has been coordinated by Prof. Jiang Zehui, involved nearly 100 academicians and renowned experts from China Academy of Sciences, Renmin University of China, Beijing Forestry University, Chinese Academy of Forestry, International Center for Bamboo and Rattan, Economics and Development Research Center of the SFA, etc. The research has learnt the latest international research results, e.g., *System of Environmental Economic Accounting 2012*, taken in consideration the currently operating national economic accounting system, carried out the research on the index system for China's forest resources accounting and green economic evaluation, built the theoretic framework and baseline methodologies for the accounting and accounted the values of forest and forestland assets as well as of the yearly ecological service provided by forest ecosystem in China based on national forest resources inventory results and long-term observation data from ecological fix site observation stations. The research is scientific and rigorous in terms of basic data, research methodology and research process. It is of very important significance in improving China's national economic accounting system, developing the balance sheet of nature resources assets, and fully giving play to decisive role of markets in forest resources allocation. At the same time, the research is also helpful for the whole society to understand the functions and values of forest resources in a scientific way, protect and develop forest resources in a more conscious manner, and better promote the building process towards ecological civilization and beautiful China.

Currently, the research has made a phased result. By the end of 2012, the forestland and forest assets were valued at 21.29 trillion RMB yuan in China, while the value of forestland assets was at 7.64 trillion RMB yuan and the value of forest assets at 13.65 trillion RMB yuan. Calculated based on the population of 1.354 billion the right year, the per capita forest wealth was at 15700 RMB yuan. The yearly ecological services provided by forest ecosystem in China were valued at 12.68 trillion RMB yuan, equivalent to 22.3% of national GDP, 2.68 times of national forestry industry output value at 4.73 trillion RMB yuan and 9 400 RMB yuan worth per capita ecological services. These research results accurately reflect the total quantity of forest resources assets and their ecological service value, which at once indicate the tangible effects of forestry development in China and show that the per capita forest wealth and ecological service in China are still at a low level and hard to meet the urgent demands for sustainable socioeconomic development and for good ecological environment by people.

It is hoped that forestry authorities at different levels could scientifically view and proactively apply the research results, and strengthen the on-the-ground responsibility sense, to prioritize forest resources cultivation and protection, continue and further the reform in forestry sector, innovate mechanism and system for forest growth, change the mode of forestry development, improve ecological civilization system, quicken the modernization process of foresty governance system and governance capacity, achieve the expected development goals for forest resources increments, and further improve the development level of ecological forestry and livelihood forestry, for creating a better ecological condition for overall building-up of a well-off society and realization of the Chinese Dream for great rejuvenation of Chinese nation.

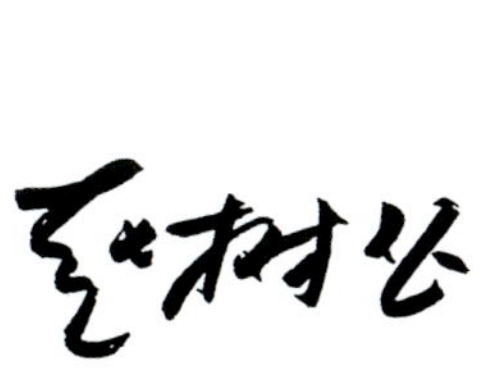

Zhao Shucong

January 30, 2015

美丽优雅的新疆夏尔西里（陈建伟 摄影）

序二

党的十八大将生态文明建设列入中国特色社会主义建设总体布局，强调要把生态文明建设融入经济、政治、文化、社会建设各个方面和全过程，着力推进绿色发展、循环经济、低碳发展。国家林业局和国家统计局联合组成项目组开展中国森林资源核算研究，是贯彻落实党的十八大和十八届三中全会精神的重要举措，对于加强和完善森林资源管理，推进经济建设、生态文明建设和可持续发展具有十分重要的意义。

森林资源核算是资源环境核算的重要组成部分。森林作为一种重要的资源资产，为国民经济发展和人民生活提供木材和其他植物资源。同时，森林也是重要的环境资产，是陆地最大的环境载体，在生态建设中具有基础性地位。森林作为陆地生态系统的主体，是生物多样性的栖息地，发挥着涵养水源、保育土壤、防风固沙、调节和改善气候等环境功能。森林也是二氧化碳、二氧化硫、噪声等污染物重要的吸纳场所。林业作为国民经济的重要组成部分，是一项不可或缺的基础产业，也是一项十分重要的公益事业。林海莽莽、满目青翠、绿树成荫就是美丽中国的绿色解读。开展森林资源核算，已成为统计部门与自然资源管理部门共同建立和完善资源环境核算的重要内容和有机组成部分。

中国森林资源核算研究项目采纳了联合国等六大国际组织制定的第一个资源环境核算国际标准——《环境经济核算体系（2012）》，吸收了联合国粮农组织编写的《森林环境经济核算指南》和欧盟统计局制定的《欧洲森林环境经济核算框架》的内容，同时紧密结合我国森林资源统计调查实际，探索建立中国森林资源核算的理论框架和基本方法，为建立我国资源环境核算体系和编制自然资源资产负债表进行了非常有价值的探索，提供了重要参考。同时我们也充分认识到，森林资源具有生态、经济、社会、文化等多种功能，又具有动态、复杂、多样性等鲜明特点，开展森林资源核算是一项长期而艰巨的任务。森林资源核算的难点主要表现在两个方面：一是森林资源与经济活动相互作用相互影响，要准确地量化这种作用和影响存在较大的难度；二是对森林资源不同功能的估价是世界性难题。

探索编制自然资源资产负债表工作，是党的十八届三中全会作出的重大改革部署。国家统计局作为这项改革任务的牵头单位，高度重视，认真贯彻落实。通过认真研究并与国务院有关部门沟通，制定了改革实施规划。目前，国家统计局正在按照规划明确的目标、路径及时间表，扎实推进相关工作。其中，林木林地资产负债核算是自然资源资产负债核算的重要内容。在项目组全体成员艰辛努力和社会各界的大力支持下，中国森林资源核算研究取得了重要阶段性成果，为林木林地资产负债核算打下了比较好的理论基础，积累了丰富的实践经验，同时对其他自然资源资产负债核算有很好的示范效应。按照改革实施规划，国家统计局和国家林业局将紧紧围绕探索编制自然资源资产负债表的改革任务，借鉴森林资源核算项目的成功做法，深入研究森林资产负债核算的关键问题，继续发挥各自优势，密切协同合作，携手攻坚克难，努力圆满完成编制森林资源资产负债表的改革任务。

2015 年 1 月 30 日

Foreword 2

The 18th CPC National Congress put the construction of ecological civilization into the overall plan of socialist construction with Chinese Characteristics. It was emphasized that the construction of ecological civilization should be incorporated into the individual aspects as well as the entire process of economic, political, cultural and social development for the purpose of promoting green growth, circular economy and low-carbon development. The State Forestry Administration (SFA) and the National Bureau of Statistics (NBS) have set up a project team to carry out the research on China's forest resources accounting, which is an important step to implement the decisions made in the 18th CPC National Congress and the 3rd Plenary Session of the 18th CPC Central Committee. This research is of great significance to enhance and improve the forest resources management and further to promote economic development, ecological civilization and sustainable development.

Forest resources accounting is an important component of environmental-economic accounting. Forests, as an important type of resource assets, provide timber and other plant resources for economic development and people's lives. At the same time, forests are also the important environmental assets. They are the largest environmental carrier on land and have fundamental status in ecological construction. As the major part of terrestrial ecosystem, forests are the habitat of biodiversity, and play numerous environmental functions, including water conservation, soil preservation, wind break and sand fixation, climate adjustment and improvement. Forests are also important places to absorb pollutants such as CO_2, SO_2 and noises. Forestry, as an important part of the national economy, is an indispensable basic industrial sector and also an important public welfare cause. Immense forests, greenness and shades are the green interpretations of the Beautiful China. Forest resources accounting constitutes an important component and an integral part for the joint efforts made by statistical offices and those departments responsible for natural resources management to establish and improve environmental-economic accounting.

China's Forest Resources Accounting Research Project has adopted the first international standard on environmental economic accounting——*System of Environmental Economic Accounting 2012* which was developed by six international organizations including the United Nations. The Project has also referred to the *Manual for Environmental and Economic Accounts for Forestry* by FAO and the *European Framework for Integrated Environmental and Economic Accounting for Forests* by Eurostat. The project is closely associated with the practical statistics and surveys of forest resources in China, seeking to work out a theoretical framework and basic methodologies of China's forest resources accounting, undertaking valuable explorations and providing important references for China to set up its environmental economic accounting system and to develop the natural resources balance sheet. Meanwhile, we fully realize that forest resources have multiple functions, including ecological, economic, social and cultural ones, and specific features of dynamics, complexity and diversity, which will make the forest resources accounting a long-term and arduous mission. The difficulties in forest resources accounting lie in two aspects: the first is the difficulty to accurately measure the interactions and mutual influences between forest resources and economic activities; and the second is the difficulty to valuate various functions of forest resources.

The exploration to compiling natural resources balance sheet is an important arrangement for the reform decided by the 3rd Plenary Session of the 18th CPC Central Committee. The NBS, as the leading agency for implementing this reform arrangement, has attached great importance to this mission and has implemented this arrangement earnestly. Through serious studies and communications with the relevant ministries and agencies of the State Council, the NBS has developed the Reform Implementation Plan. The NBS is now advancing the work soundly according to the objectives, roadmaps and time schedule set out in the Implementation Plan. Among all the items of work, woods and forestland balance sheet accounting is a key item for natural resources balance sheet accounting. Thanks to the hard work by members of the project team and strong support from various parties of the society, there have been important achievements made for China's forest resources accounting research. These developments have laid sound theoretical foundations for woods and forestland balance sheet accounting, accumulated abundant practical experiences, and set a good example for other teams engaged in natural resources balance sheet accounting. According to the Reform Implementation Plan, the NBS and SFA will focus on the reform mission of the exploration to compiling natural resources balance sheet, refer to the successful practices in the project of forest resources accounting, study key issues in forest resources accounting, continue to make full use of the respective advantages, coordinate and cooperate closely, overcome difficulties together, and make great efforts to successfully complete the reform mission of compiling forest resources balance sheet.

Ma Jiantang

January 30, 2015

河北承德塞罕坝林场的落叶松林（陈建伟 摄影）

新疆天山地区那拉提山杏树沟之春（马俊华　摄影）

湖南省郴州市莽山花镜（廖朝明 摄影）

目录

序一（中英文）

序二（中英文）

前言（中英文）

第一章　国内外研究与实践

第一节　联合国层面关于环境经济核算体系的探索 …… 003

一、SEEA 的产生及完善 …… 003

二、SEEA—2012 中心框架的发布 …… 004

三、SEEA—2012 中心框架与林地林木资源核算 …… 005

四、SEEA—2012 生态系统实验账户与森林生态系统服务核算 …… 009

第二节　欧洲森林环境经济核算框架 …… 014

第三节　联合国粮农组织关于林业环境经济核算的探索 …… 016

第四节　其他国家与国际机构的实践探索 …… 019

一、日本 …… 019

二、英国 …… 019

九、核算公式与模型包 …… 104
第三节　森林生态服务价值量核算方法 …… 122
一、森林生态服务价值量转换的基本原则 …… 122
二、价格指数 …… 123
三、森林生态服务价值量选取 …… 124
第四节　森林生态服务物质量核算结果 …… 129
一、森林生态服务总物质量 …… 129
二、森林生态服务物质量分布格局 …… 130
第五节　森林生态服务价值量核算结果 …… 139
一、森林生态服务总价值量 …… 140
二、森林生态服务价值量分布格局 …… 141
第六节　森林生态服务核算主要结论 …… 146
一、森林生态服务动态变化 …… 146
二、主要结论 …… 156

第五章　中国森林资源核算结果及其应用

第一节　核算结果综合分析 …… 164
一、森林资产总量不断增加，为绿色发展奠定了重要的物质基础 …… 164
二、生态服务功能不断增强，为社会提供了普惠的民生福祉 …… 165
三、森林资源消耗形势严峻，守住生态红线压力依然巨大 …… 166
四、核算理论方法日臻完善，为完善国民经济核算体系作了有益探索 …… 166
第二节　政策建议 …… 167
一、完善森林资源资产管理体制，加快建立国家自然资源管理体系 …… 168

二、开展森林资源资产负债表编制试点，强化生态建设与保护责任 …… 168
三、坚持市场配置资源，完善森林资源有偿使用和生态补偿制度 …… 169
四、探索自然资源核算，完善国民经济核算体系 …… 170
五、充分利用研究成果，加强生态文明宣传教育 …… 171
第三节　研究展望 …… 171
一、完善核算理论框架和内容 …… 172
二、充实生态服务核算指标 …… 172
三、创新核算方法 …… 173
四、健全统计调查体系 …… 173

附件

附件一　名词术语 …… 177
附件二　森林生态服务核算成果应用说明 …… 179
附件三　林地林木资源核算调查数据表 …… 180
附件四　IPCC 推荐使用的木材密度（*D*） …… 196
附件五　IPCC 推荐使用的生物量转换因子（BEF） …… 196
附件六　不同树种组单木生物量模型及参数 …… 197
附件七　中国森林生态服务核算社会公共数据表
（2013 年推荐使用价格） …… 198

参考文献 …… 201

原始云杉林和松萝（陈建伟 摄影）

内蒙古赤峰市克什克腾旗桦木沟秋景（曹玉成　摄影）

第一章
国内外研究与实践

第一节　联合国层面关于环境经济核算体系的探索
第二节　欧洲森林环境经济核算框架
第三节　联合国粮农组织关于林业环境经济核算的探索
第四节　其他国家与国际机构的实践探索
第五节　中国森林核算研究与实践探索

森林资源核算，或称森林核算，是依据环境经济核算的基本原理，以森林为核算对象，以森林调查、林业统计及生态监测为基础，对森林经营、恢复和保护活动进行全面定量描述，反映森林资源资产现状及变化、森林为经济社会发展提供的产品与服务，分析经济发展对森林资源资产的影响以及森林对可持续发展的支撑，是环境经济核算的重要组成部分。

关于森林资源核算，国内外已经进行了多方面的研究与实践探索，形成了一些阶段性理论和方法指导文献，包括联合国统计署等单位编写的《环境经济核算体系》（简称 SEEA）、欧盟统计局编写的《欧洲森林环境与经济核算框架》（简称 IEEAF—2002）、联合国粮农组织编写的《林业环境与经济核算指南》（征求意见稿，简称 FAO—2004 指南）。这些文献为中国开展森林资源核算提供了基本理论和方法依据。其中，SEEA 是关于绿色国民经济核算理论方法的指导性文献，虽然不是专门针对森林核算的文本，但其所阐述的环境与经济核算原理为搭建森林核算框架奠定了基础；IEEAF—2002 是国际组织针对森林核算提出的第一个文件，作为国民经济核算的卫星账户，为森林核算提供了一个初步框架；FAO—2004 指南在一定程度上可视为对 IEEAF—2002 的进一步修订，其理论和方法的基本思路更加明确，并且特别强调将森林核算体系作为开展跨部门、多学科的政策分析工具予以开发，为森林核算结果的应用提供了支持与指导。同时，一些国际组织、有关国家及国内外研究机构，也对森林资源核算问题开展了积极的研究与实践。

第一节　联合国层面关于环境经济核算体系的探索

为推动可持续发展，从 20 世纪 80 年代开始，联合国层面及政府间组织、非政府组织研究机构和一些国家对绿色国民经济核算体系进行了理论研究和实践尝试。其中最具代表性的，当属联合国统计署、欧盟委员会、经济合作与发展组织、国家货币基金组织及世界银行共同组织编写的《环境经济核算体系》（简称 SEEA）。

一、SEEA 的产生及完善

1993 年，联合国统计署等组织编写了《综合环境经济核算体系》(The System of Integrated Environmental and Economic Accounting，SEEA—1993)。这套体系以《国民账户体系》（The System of National Accounts，简称 SNA）的基本理论为基础，以环境估价为核心，以环境调整的宏观总量指标为综合目标，借助卫星账户，对环境资产进行全面核算，以提供系统性的实物型和货币型数据支持。尽管 SEEA—1993 体系在实践中还不很成熟，但它已被国际社会公认为国民经济核算研究的拓展方向。

之后，SEEA—1993 在实践的基础上得以不断开发和完善，形成了《2003 年国民核算手册：综合环境经济核算体系》（简称 SEEA—2003）。SEEA—2003 是针对整个绿色国民经济核算的方法性文献，森林只是综合环境经济核算中所包括的全部资源环境要素的一个组成部分。综合环境经济核算对于森林核算的指导意义体现在两个层面上：第一，关于绿色国民经济核算的框架设计和具体方法，可以为针对森林主题建立核算体系提供总体指导；第二，SEEA—2003 在文中第 8 章“各类具体资源账户”与森林有关的内容，可以为我们进行森林核算提供较为具体的指导。

除了上述内容之外，SEEA—2003 在森林专题之下，还给出一些补充表式，涉及的内容有：生态植物区，森林保护状况，固碳能力，六次全国森林资源清查数据为基础，开展了面向全国31个省（自治区、直辖市）的林地、林木价格调查工作，编制了全国林地、林木存量及变动量账户，进行了林地、林木的实物量核算和价值量核算；针对2004年全国范围内包括木质林产品和非木质林产品在内的森林全部实物产品产出进行了实物量核算和价值量核算；提出了开展森林生态服务价值核算研究的基本思路，重点从森林涵养水源、维持生物多样性、固土保肥、固碳释氧、防风固沙、净化空气和景观游憩等7个方面，对全国森林生态服务价值进行了测算。

从研究层面看，国内一些学者最早对森林核算进行了一些富有成效的理论探讨。1989年，孔繁文等就开始了森林资源核算及纳入国民经济核算体系研究；1993年开展了森林环境资源核算及补偿政策研究，提出森林环境资源应在加强监测与统计的基础上，建立完善的国家级森林环境资源实物量与价值量核算体系并与国民经济核算制接轨。2003年，张颖对森林资源核算的理论、方法、分类和框架进行了总结。2003年，向书坚提出了在SEEA—2003中尚未解决的27个问题，并根据预期解决时间的长短划分为长期问题以及短期问题。高敏雪为国内开展环境核算提供了一般性的方法与思路，并就环境与经济核算的理论框架进行了初步的研讨。2007年，戴广翠等以吉林省吉林市丰满区和蛟河市为案例，运用FAO—2004提供的方法，对林地和林木资产实物量与价值量、林产品及森林环境服务价值流量以及森林为国民经济其他部门及区域提供的产品和服务价值进行了核算。2009年，李金华提出了建立中国环境经济核算体系（CSEEA）以描述中国背景下的环境核算问题，并将其作为中国国民经济核算（CSNA）的附属账户，对中国的环境资源以及其对经济活动的影响进行深入的计量分析。

望天树王（曹玉成　摄影）

红松阔叶林秋色（陈建伟　摄影）

第二章
森林核算理论框架体系

第一节　森林核算的主要目标与基本原则
第二节　森林核算的理论框架和相互关系
第三节　森林资源实物量核算
第四节　森林资源价值量核算
第五节　森林资源经营管理与生态保护支出核算
第六节　森林资源核算数据来源

2008 年，由国家林业局和国家统计局共同组织完成的“中国森林资源核算及纳入绿色 GDP 研究”项目，提出了“基于森林的国民经济核算的框架和内容”，为开展森林资源核算提供重要的参考。在此基础上，根据环境经济核算体系最新发展，特别是借鉴 SEEA—2012，本研究进一步完善了中国森林资源核算的理论框架。

第一节　森林核算的主要目标与基本原则

森林作为一种重要的资源资产，为国民经济发展和人民生活提供木材和其他林产品等物质资源，同时，森林也是一种重要的环境资产，作为陆地生态系统的主体，是生物多样性的栖息地，发挥着涵养水源、保持水土、防风固沙等环境服务功能，是二氧化碳、二氧化硫等污染物重要的吸收场所。这是森林资源核算框架设计的基础。

一、主要目标

进行系统全面的森林核算，其根本目标就是要全面反映森林对于经济社会发展的贡献，以及现实经济活动对森林所产生的影响，通过核算应该能够回答有关林业可持续管理的以下方面的问题：森林对经济的总贡献有多大？森林可持续经营的收益何在？森林收益在社会不同群体中是如何分布的？从森林资源耗减角度看经济增长是否可持续？如何权衡森林利用者之间的竞争关系？森林利用如何达到最优状态？其他非林业政策对森林利用有什么影响？（联合国粮农组织，2004）

为实现上述根本目标，森林核算必须完成以下两个方面的工作：第一，从实物和价值两个层次上将森林存量核算与木材、非木质林产品、森林生态服务等流量核算结合起来；第二，将上述核算内容与国民经济核算内容联系起来 。对此做具体拆解，可以将森林核算的功能目标概括为以下方面：

（1）将森林功能全面纳入核算范围，建立森林存量和流量核算体系。

（2）在实物量核算基础上通过估价实现价值量核算，形成包括实物核算账户、价值核算账户两个层次的森林核算体系。

（3）在核算内容上，除了传统的林地林木存量核算之外，要进行全面的森林产出和林业经济活动核算。

（4）将森林核算的结果纳入国民经济核算，进行总量指标调整，包括：用林地林木价值针对国民资产负债核算进行调整，用森林资源耗减价值、森林环境退化价值、森林保护支出价值、森林环境服务价值等针对国内生产总值核算进行调整。

应该说，这些目标体现了森林核算最终要达到的理想高度。从实现过程看，需要根据现实可行性和管理需求制定目标的具体实施步骤，短期内应优先考虑那些具有现实紧迫性、操作可行性的部分。

二、基本原则

森林核算是在传统林业统计、国民经济核算基础上扩展形成的，其目标是将森林纳入国民经济核算框架之中。森林核算是综合环境经济核算的一个特定专题，森林核算还处在研究探索过程中，这些特点决定了进行森林核算必须要在总体上遵循以下基本原则：

（1）与国民经济核算体系相衔接。森林资源核算的目的不仅在于全面、真实评价森林对国民经济和社会发展的作用和贡献，更重要的是反映经济活动对森林资源的消耗以及所付出的生态代价。

（2）与国际接轨。以联合国 SEEA—2012 中心框架为基础，结合国际最新研究成果，核算的内容与方法尽可能与国际有关研究的理论与实践保持一致。同时，考虑中国实际，决定核算内容的取舍，形成具体的核算方法。

（3）与中国森林资源和林业统计相衔接。统计数据是核算的基础，核算必须立足中国基本国情和林情，与中国森林资源清查、林业统计以及生态监测等已有的统计调查体系相联系，实现经济统计数据与森林物理量数据的有机结合。

第二节　森林核算的理论框架和相互关系

森林核算体系框架由 5 个部分组成：一是森林资源存量核算；二是森林资源流量核算；三是森林资源经营管理与生态保护支出核算；四是林业投入产出核算；五是森林综合核算。

一、林地林木存量及变化核算

森林资源存量核算主要是林地林木核算，是反映特定时点的拥有量。从一个时期看，不仅要核算期初、期末两个时点的资源存量，而且要反映资源存量在当期内的变化，对资源存量和变化进行核算。无论是存量还是变化，其核算都包括实物核算和价值核算两个层面，首先是按照实物量表述，在估价基础上进行价值量核算。

二、森林资源流量核算

森林资源流量核算主要是森林产品和服务核算，在两个方面进行森林产品与服务核算。一是直接来自森林的产品与服务的核算，记录当期从森林中获得的产品和服务（包括木质林产品、非木质林产品和各种森林服务）的产量和使用去向；二是上述初级产品的进一步加工过程，记录林业产业链上全部林产品（初级林产品和加工制成品）的供应和使用。森林产品与服务的核算也包括实物量核算和价值量核算。

三、森林资源经营管理与生态保护支出核算

森林资源经营管理与生态保护支出核算也属于流量核算，用于反映经济体系一段时期内为森林资源经营管理与生态保护所花费的支出。首先，确定哪些活动从属于森林资源经营管理与生态保护目的；然后，记录所发生的支出（投资性支出和经常性运行支出）。为了提供更详尽的信息，还应该区分不同的支出者，即，是政府部门，还是企业与住户部门，或者来自国外的出资者，区分支出的用途。

四、林业投入产出核算

林业作为一类经济产业，其投入产出已经包括在传统国民经济核算中。由于国民经济核算无法独立体现现代林业的全部活动，需要通过森林核算的林业核算表，把散见于各个方面的林业活动集中在一起，综合显示其投入产出状况，以全面评价林业发展及其成果。

林业投入产出核算的主体属于第一、二、三产业，对应上述森林产品和服务的区分，具体包括两个层次，一是直接以森林为对象的营林业、采运业；二是以初级林产品为加工对象的加工业，以及以森林旅游、保护、研发等各种活动的服务业。核算内容包括投入和产出两个部分，产出用各种产品表示（对应不同森林产品），投入则区分为中间投入和增加值（最初投入）两个部分。无论投入还是产出都要按价值量核算。

五、森林综合核算

森林综合核算的目的是将森林全面纳入国民经济核算体系。因此，核算结果最终必然反映在对经济总量指标的调整：一是关于资产的调整。需要将核算得到的森林总价值（主要是林地林木总价值）纳入国民总资产和国民财富价值之中；二是对国民经济核算指标的调整。SEEA—2012 中心框架建议要对营业盈余、国民收入和国民储蓄等指标进行调整。通过调整，一方面全面反映森林和林业对国民经济的贡献，另一方面反映经济发展所付出的森林资源与生态代价。但由于要准确地量化森林资源与经济活动相互作用，以及对森林资源不同功能的估价非常困难。目前，还没有任何一个国家官方机构发布了其调整数据。

上述五个部分相互联系，共同组成了中国森林核算体系（图 2-1）。林地林木存量核算和林产品服务流量核算是森林核算的基础，进而延伸到森林管理与生态保护支出核算和林业投入产出核算。

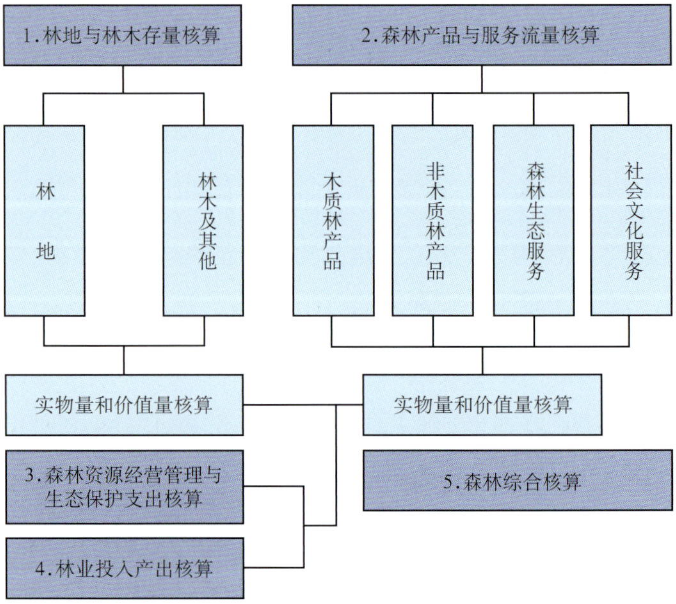

图2-1 中国森林核算体系总体框架

第三节 森林资源实物量核算

森林资源实物量核算包括三部分：一是林地、林木资产核算；二是林产品生产与服务核算；三是林产品供给和使用表。

一、林地、林木资产存量核算

所有的林地、林木资产核算都包括三个部分：期初存量、核算期间的变化量和期末存量。核算期间的变化量既有由于经济活动引起的，也有由于自然和其他原因引起的变化量。林地、林木存量如表 2-1 和表 2-2 所示，流量核算如表 2-3 和表 2-4 所示。

表2-1 林地实物量核算表

单位：公顷

项 目	合 计	培育资产	非培育资产
一、有林地和疏林地			
1.天然林			
（1）有林地			
用材林			
薪炭林			
防护林			
特用林			
经济林			
竹林			
（2）疏林地			
2.人工林			
（1）有林地			
用材林			
薪炭林			
防护林			
特用林			

（续）

项　目	合　计	培育资产	非培育资产
经济林			
竹林			
（2） 疏林地			
二、其他林地			
1.灌木林地			
2.未成林地			
3.苗圃地			
4.无立木林地			
5.宜林地			
6.林业辅助生产用地			
合计			

注：阴影部分代表核算内容，下同。

表2-2　林木实物量核算表

单位：立方米

项　目	合　计	培育资产	非培育资产
一、林木			
1.天然林			
（1）有林地			
用材林			
薪炭林			
防护林			
特用林			
经济林			
竹林			
（2）疏林地			
2.人工林			
（1）有林地			

（续）

项　目	合　计	培育资产	非培育资产
用材林			
薪炭林			
防护林			
特用林			
经济林			
竹林			
（2）疏林地			
二、其他林木			
1.散生木			
2.四旁树			
合计			

表2-3　林地实物量变动核算

单位：公顷

项　目	原始林	天然次生林	人工林	其他林地
期初存量				
本期增加				
经济因素				
自然因素				
本期减少				
经济因素				
自然因素				
重估价				
本期净增加				
期末存量				

注：在实物量核算中不包括经济林和竹林。在价值量核算中包括经济林和竹林。

表2-4 林木实物量变动核算表

单位：立方米

项　目	天然林	人工林	其他林木
期初存量			
本期增加			
经济因素			
自然因素			
本期减少			
经济因素			
自然因素			
重估价			
本期净增加			
期末存量			

二、林产品生产与服务核算

林产品生产与服务主要包括营林和木材采运业产品、非木质林产品、其他林产品和森林经济服务。林产品生产与服务核算是流量的核算，分商业性生产和自用等，如表 2-5 所示。

(1) 营林和木材采运业产品。主要包括森林自然生长量、原木和其他林产品，如橡胶、软木等。

(2) 非木质林产品。主要指动物产品（或原料），如狩猎或养殖的动物和家禽的肉、毛皮等产品；植物产品（或原料），包括林中采集的野生或林下种植的浆果、蘑菇、山野菜、中药材、花卉等。

(3) 其他林产品。主要指上述没包括的、由森林直接提供的实物产品。

(4) 森林经济服务。包括森林游憩、森林旅游、森林提供的就业机会和林下放牧等服务。

(5) 森林生态服务。主要包括固碳释氧、涵养水源、固土保肥、防风固沙、生物多样性保护和净化空气等服务。

表2-5　林产品与服务实物量核算表

单位：百立方米、吨、公顷等

项　目	产　业				产　品		
	营林	木材采运	其他	合计	商品	自用	合计
1.木质林产品							
（1）林业在产品							
（2）初级林产品或原料							
2.非木质林产品							
（1）植物产品或原料							
①林木种子类							
②苗木类							
③原料类							
④干果类							
⑤水果类							
⑥林产饮料类							
⑦食用菌及笋类							
⑧林产调料类							
⑨花卉类							
⑩中药材							
（2）动物产品或原料							
①狩猎和捕捉动物							
②野生动物饲养繁殖							
3.其他林产品							
4.森林服务							
①经济服务							
②生态服务							

三、林产品供给和使用表

林产品供给和使用表主要核算不同产业间林产品的供给、中间消费和最终使用的情况。在林产品供给使用表中，林产品核算的内容与表 2-5 中的林产品内容是一致的。

林产品供给表中：总供给量 = 产品总产量 + 进口量

林产品使用表中：总使用 = 中间消费量 + 最终使用量

林产品供给使用核算的内容见表 2-6、表 2-7。

表2–6　林产品供给实物量表

单位：立方米、吨等

供　给	产品								进口	总供给
	木制产品			非木质产品		其他林产品	森林服务	总产量		
	在产品	初级产品或原料	…	植物产品或原料	动物产品或原料	…	…			
营林业										
木材采运业										
木材加工业										
林产化学										
多种经营										
其他										

表2–7　林产品使用实物量表

单位：立方米、吨等

供　给	中间消费								最终使用			总使用
	木制产品			非木质产品		其他林产品	森林服务	总计	消费量	出口量	资本形成	
	在产品	初级产品或原料	…	植物产品或原料	动物产品或原料	…	…					
营林业												
木材采运业												
木材加工业												
林产化学												
多种经营												
其他												

第四节　森林资源价值量核算

价值量核算与实物量核算相对应，它是在实物量核算的基础上，通过一定的估价方法将实物量转换为价值量，进而计算经森林资源核算调整到 GDP 总量，即得到森林绿色 GDP 总量。只有进行森林的价值量核算，才能和现有的国民经济核算体系结合起来，形成综合环境经济核算，表 2-8 为推荐的价值评估方法。

价值量核算主要是对存量和流量的核算。存量主要是对林地、林木资产的核算；流量是对林产品和森林服务的核算。

林地、林木资产存量、流量价值核算的表式与实物量核算的表式对应，林产品与服务价值量表式也与实物量核算表式相对应，林产品供给与使用价值量表相对应，林业总产值、中间消耗和增加值核算见表 2-9 至表 2-16。

表2-8　森林资源核算估价方法

核算内容	评价方法
林地、林木	现行市价法、年金资本化法、林地期望价法 立木价值法、消费价值法、净现值法
木质林产品	市场价格
原木、商品材、非商品材	市场价格、当地同类产品市场价格、相近替代产品价格
非木质林产品	市场价格、当地同类产品市场价格、相近替代产品价格
森林经济服务	
林中放牧	相近替代产品价格、生产成本
森林游憩	旅行成本法、享乐价格法、条件价值评估法及联合分析法
森林生态服务	
固碳	碳税、碳排放许可交易价格、全球气候变化转移损失
生物多样性和栖息地保护	条件价值评估法及联合分析法
水土保持等服务	损失成本法、预防成本法、条件价值评估法及联合分析法

表2-9　林地价值量核算表

单位：元

项　目	合　计	培育资产	非培育资产
一、有林地和疏林地			
1.天然林			
（1）有林地			
用材林			
薪炭林			
防护林			
特用林			
经济林			
竹林			
（2）疏林地			
2.人工林			
（1）有林地			
用材林			
薪炭林			
防护林			
特用林			
经济林			
竹林			
（2）疏林地			
二、其他林地			
1.灌木林地			
2.未成林地			
3.苗圃地			
4.无立木林地			
5.宜林地			
6.林业辅助生产用地			
合计			

表2-10　林木价值量核算表

单位：元

项目	合计	培育资产	非培育资产
一、林木			
1.天然林			
（1）有林地			
用材林			
薪炭林			
防护林			
特用林			
经济林			
竹林			
（2）疏林地			
2.人工林			
（1）有林地			
用材林			
薪炭林			
防护林			
特用林			
经济林			
竹林			
（2）疏林地			
二、其他林木			
1.散生木			
2.四旁树			
合计			

表2-11　林地价值量变动核算

单位：元

项　目	原始林	天然次生林	人工林	其他林地
期初存量				
本期增加				
经济因素				

（续）

项　目	原始林	天然次生林	人工林	其他林地
自然因素				
本期减少				
经济因素				
自然因素				
重估价				
本期净增加				
期末存量				

表2-12　林木价值量变动核算表

单位：元

项　目	天然林	人工林	其他林木	其他林地
期初存量				
本期增加				
经济因素				
自然因素				
本期减少				
经济因素				
自然因素				
重估价				
本期净增加				
期末存量				

表2-13　林产品与服务价值量核算表

单位：元

项　目	产　业				产　品		
	营林	木材采运	其他	合计	商品	自用	合计
1.木质林产品							
（1）林业在产品							
（2）初级林产品或原料							
2.非木质林产品							
（1）植物产品或原料							

（续）

项　目	产　业				产　品		
	营林	木材采运	其他	合计	商品	自用	合计
①林木种子类							
②苗木类							
③原料类							
④干果类							
⑤水果类							
⑥林产饮料类							
⑦食用菌及笋类							
⑧林产调料类							
⑨花卉类							
⑩中药材							
（2）动物产品或原料							
①狩猎和捕捉动物							
②野生动物饲养繁殖							
3.其他林产品							
4.森林服务							
①经济服务							
②生态服务							

表2-14　林产品与服务供给价值表

单位：万元

供　给	产　值								进口	产品税和补贴	贸易运输差价	总供给
	木制产品			非木质产品		其他林产品	森林服务	总产值				
	在产品	初级产品或原料	…	植物产品或原料	动物产品或原料	…	…					
营林业												
木材采运业												
木材加工业												
林产化学												
多种经营												
其他												

（续）

核算内容	数据来源	提供的数据
3.森林服务		
固碳	全国森林资源清查；有关国家级气候变化项目的研究资料	人工林和天然林固碳实物量数据，固碳的价格确定的数据，固碳的实物量、价值量变化的数据等
森林旅游	全国森林资源清查；全国林业统计年鉴	森林公园数、面积，森林旅游的人数，消费支出，森林旅游收入
生物多样性保护	全国森林资源清查；有关国家级环境变化项目的研究资料	自然保护区面积、物种、生态系统统计数据，自然保护区经费投入，收入
其他	没有定期的数据来源	
4.森林资源经营管理的支出	国民经济统计核算资料	包括各种森林资源经营管理活动支出数据，但还需要辅助调查

贵州毕节百里杜鹃国家森林公园的天然杜鹃林带（百里杜鹃国家森林公园 供图）

秋色如画（陈建伟 摄影）

内蒙古莫尔道嘎苍狼岛上的樟子松和兴安落叶松林（陈建伟　摄影）

第三章
林地林木资源核算

第一节　林地林木资源核算方法
第二节　林地林木资源核算结果

第一节　林地林木资源核算方法

本研究中林地林木资源核算的方法主要依据《绿色国民经济核算框架下的中国森林核算研究》一书中建立的林地林木核算框架和方法，并根据 SEEA—2012 中心框架提出的林地林木核算方法，结合中国森林资源统计特点，力求既符合中国实际具有可操作性，又尽量与国际接轨。

一、林地林木资源价值量评估方法

在林地估价中，SEEA—2012 推荐市场价格法或者净现值法。最初，本研究的林地价值评估方法尝试采用市场价格法和年金资本化法 2 种方法。但是从实际调查数据结果看，我国林地交易市场并不完善，不多的交易价格案例没有代表性，只能作为参考。在林地价值评估中采用了年金资本化法。这和 SEEA—2012 中建议的净现值法(NPV)原理是一致的。

在林木估价中，SEEA—2012 推荐的方法包括立木价格法、消费价值法和净现值法。前 2 种方法需要立木价格以及不同林龄的单位面积蓄积量等数据。净现值法需要营林成本、采伐收入和折现率、经营期等数据。本研究的林木价值评估以我国林业行业目前使用的《森林资源资产评估技术规范（试行)》为依据。幼龄林采用重置成本法，中龄林采用收益现值法，近熟林、成熟林和过熟林采用市场倒算法。市场倒算法的基本原则相当于立木价格法，中龄林的收益现值法的基本原理就是净现值法。

本研究尝试使用收益现值法对幼龄林价值进行评估。由于幼龄林距离采伐收获的时间较长，估计采伐时的蓄积量存在较大不确定性，并且由于折现期限较长，造成收益现值法评估的幼龄林价值存在较大不确定性。本研究也尝试用市场法评估幼龄林价值，由于林木交易市场不完善，较少案例的平均价格不具有代表性。因此，本研究针对幼龄林评估采用了重置成本法。

在林地林木资产估价方法上，既考虑了 SEEA—2012 推荐的估价方法，又根据我国林地林木资源核算的数据基础，充分利用了国内森林资源资产评估的成熟技术方法。

1. 林地价值评估方法

林地价值评估采用年金资本化法，其中，林地年平均租金采用各省（自治区、直辖市）调查结果，并参考林地使用权交易的平均价格。

$$V=\sum_{i=1}^{n}\frac{A_i}{P}$$

式中：V——林地地价；

i——林地类型的种类；

A_i——第 i 种林地类型的年平均租金；

P——投资收益率。

本研究中林地投资收益率采用 2.5%。目前国际和国内土地价值评估中通常采用 2% ~ 3% 的投资收益率。由于林地经营周期长，投资回报期较长，投资收益率远低于社会平均收益率，因此采用平均值，即 2.5% 的投资收益率。

2. 林木价值评估方法

林木价值评估分乔木林、经济林和竹林 3 种类型分别评估。乔木林评估对不同优势树种的林分按照不同龄组区分，分龄组按照不同核算方法进行核算，最后进行分类汇总，乔木林主要采用市场法和收益法。鉴于数据的可获得性，乔木林林木价值评估均以人工用材林数据作为参考依据。

资金市场上的商业利率由经济利率（纯利率）、风险率、通货膨胀率三部分构成。在森林资源资产评估中由于其涉及的成本均为重置成本，即现实物价水平上的成本，其收入与支出的物价是在同一个时点上，不存在通货膨胀因素。因此，在森林资源资产评估中采用的利率仅含经济利率和风险率两个部分。目前，世界上许多国家确定经济利率的方法是，用一个稳定的政府发行国债的年利率（风险率为 0）扣除当年的通货膨胀率，剩余部分则为经济利率，大约为 3.5%。根据营林生产的实际，商品林经营的年风险率一般不超过 1%。考虑到森林资源资产经营纯收益率不高，参考国家森工基本建设资金贷款利率水平，本研究林木蓄积价值评估中投资收益率取用 4.5%。

（1）幼龄林价值评估。采用重置成本法，公式：

$$V_n=\sum_{i=1}^{n} C_i\cdot(1+P)^{n-i+1}$$

式中：V_n——第 n 年林龄的林木价值；

C_i——第 i 年的以现行工价及生产水平为标准的生产成本；

P——投资收益率。

（2）中龄林价值评估。采用收益净现值法，将被评估林木资产在未来经营期内各年的净收益按照一定折现率进行折现后累计求和，得出林木资产评估的价值。

$$V_n=\sum_{t=n}^{u} \frac{A_t - C_t}{(1+P)^{t-n+1}}$$

式中：V_n——林木资产评估值；

A_t——第 t 年收入；

C_t——第 t 年成本支出；

u——经营期；

P——投资收益率；

n——林分年龄。

（3）近成过熟林价值评估。采用市场到算法，用被评估林木采伐后取得的木材市场销售总收入，扣除木材经营所消耗的成本（含有关税费）及应得的利润后，剩余的部分作为林木资产评估价值林木价值。

$$V=W-C-F$$

式中：V——近熟林、成熟林、过熟林的评估价值；

W——木材销售总收入；

C——木材生产经营成本（包括采运成本、有关税费）；

F——木材生产经营段利润。

（4）经济林林木价值评估。采用收益现值法，经济林林木未来经营期内的净收益折现累计求和。

$$V_n=A\cdot\frac{(1+P)^{u-n}-1}{P\cdot(1+P)^{u-n}}$$

式中：V_n——经济林评估价值；

A——盛产期内年净收益；

u——经济寿命期；

n——经济林林木年龄；

P——投资收益率。

经济林投资收益较高，国内经济林的林木价值评估普遍采用投资收益率 6%，本研究采用 6% 的投资收益率。

（5）竹林林木价值评估。一般采用年金资本化法，新造未成熟竹林可采用重置成本法。

$$V=\frac{A}{P}$$

式中：V——竹林价值评估值；

A——竹林的年净收益；

P——投资收益率。

本研究竹林林木价值评估按照毛竹林、杂竹两大类评估，投资收益率取 6%。

二、林地林木资源核算原则

林地林木资源核算主要遵循以下原则：

（1）充分利用现有全国森林资源清查统计结果；

（2）森林资源分类既要符合国民经济核算分类原则，也要结合我国现行森林资源清查统计分类方法；

（3）价值核算以各地林业生产经营的实际调查统计数据为基础；

（4）价值评估方法选择与数据可获得性一致性原则。

三、林地林木资源核算数据

1. 实物量数据来源

林地林木实物量核算数据主要来源：《全国森林资源统计（2004 ~ 2008）》（第七次全国森林资源清查结果）和《全国森林资源统计（2009 ~ 2013）》（第八次全国森林资源清查结果），主要包括按照树种、林种、龄组等分类统计的林地、林木面积和蓄积数据，两次清查期间林地林木资源变动数据。

2. 价值量数据来源

价值量核算所需要的有关成本价格参数由各省（自治区、直辖市）林业厅（局）、森工（林业）集团和新疆生产建设兵团根据国家林业局科学技术司统一下发调查统计表进行调查填报。调查内容包括本地区用材林生产经营、经济林和竹林的经营成本与收益、林地交易、林地租金、活立木交易等成本价格数据和林木采伐相关的技术参数。根据森林资源质量好、中、差的情况，每个省（自治区、直辖市）抽取一定量的样本县（林业局），在每个样本县再抽取重点乡镇、林场，采用实地调查和统计资料相结合的方法，最后利用样本县（林业局）调查相关数据估算全省（自治区、直辖市）林业生产经营的成本、价格相关数据的平均水平。第八次全国森林资源清查的林地林木价值核算采用的成本和价格数据为 2012 年价格水平。采用价格指数调整法核算第七次全国森林资源清查的林地林木价值，利用 2012 年价格和价格指数，估算 2008 年价格水平，价格指数采用的是农产品生产价格指数中的林业产品 [《中国统计年鉴（2008 ~ 2012）》]。

3. 数据质量控制

数据质量是核算工作的关键。项目组主要从三方面对数据质量进行控制：一是调查指标设计与现行的森林资源调查和林业统计相关指标相一致，确保数据的科学性和可获取性。二是开展调查前的专门培训，详细介绍调查表和指标解释。三是由项目组负责各省（自治区、直辖市）提交调查数据的审核，向相关省份联系人反馈数据审核中发现的问题，与地方调查负责人沟通交流，审核修正数据，保障数据质量。根据数据审核中发现的问题，项目组以重庆为例开展了实地调研，为数据的总体把握提供参考。对于个别省份没有填报及异常的数据，参考区域平均值调整，确保了数据的完整性和可比性。

第二节　林地林木资源核算结果

根据第八次全国森林资源清查结果核算，全国现有林地资产实物存量 3.10 亿公顷，林木资产实物存量 160.74 亿立方米；林地资产价值 7.64 万亿元，林木资产价值 13.65 万亿元，林地林木资产总价值 21.29 万亿元。

与第七次全国森林资源清查相比，林地林木资源资产实物和价值存量都呈现双增长态势。5年间，林地实物量增加667.99万公顷，增长2.20%，林地价值量增加2.13万亿元，增长38.52%；林木实物量增加了15.20亿立方米，增长10.44%，林木价值量增加4.18万亿元，增长了44.11%。

一、林地林木资源实物量存量核算及变动分析

林地林木实物量核算结果显示，从第七次全国森林资源清查期末到第八次全国森林资源清查期末，5年期间，林地面积、林木蓄积均呈现增长趋势。

（一）实物量存量核算

1. 林地

根据第八次全国森林资源清查数据核算，全国现有林地资源资产存量31046.18万公顷，与第七次全国森林资源清查期末相比，5年间，林地面积增加667.99万公顷，增长2.20%（表3-1）。其中，人工林地为主的培育资产面积增加662.14万公顷，增长8.10%；天然林地为主的非培育资产面积增加5.85万公顷，增长0.03%。

（1）第七次清查。根据第七次全国森林资源清查结果核算，林地存量30378.19万公顷，其中，人工林地为主的培育资产面积为8171.15万公顷，天然林地为主的非培育资产面积为22207.04万公顷，分别占林地存量总面积的26.90%和73.10%。非培育资产面积是培育

表3-1　全国林地实物存量核算结果

单位：万公顷

项　目	合　计	培育资产	非培育资产
第七次清查	30378.19	8171.15	22207.04
第八次清查	31046.18	8833.29	22212.89
变化（%）	2.20	8.10	0.03

资产的2.72倍（表3-2）。

（2）第八次清查。根据第八次全国森林资源清查结果核算，林

表3-2 第七次全国森林资源清查林地存量核算

单位：万公顷

项　目	合　计	培育资产	非培育资产
一、有林地和疏林地	18620.31	6283.51	12336.8
1.天然林	12336.8		12336.8
（1）有林地	11969.25		11969.25
用材林	3656.36		3656.36
薪炭林	145.33		145.33
防护林	6687.35		6687.35
特用林	1070.08		1070.08
经济林	92.33		92.33
竹林	317.8		317.8
（2）疏林地	367.55		367.55
2.人工林	6283.51	6283.51	
（1）有林地	6168.84	6168.84	
用材林	2351.08	2351.08	
薪炭林	29.4	29.4	
防护林	1507.33	1507.33	
特用林	112.06	112.06	
经济林	1948.67	1948.67	
竹林	220.3	220.3	
（2）　疏林地	114.67	114.67	
二、其他林地	11757.88	1887.64	9870.24
1.灌木林地	5365.34	316.66	5048.68
2.未成林地	1132.63	1132.63	
3.苗圃地	45.4	45.4	
4.无立木林地	709.61	709.61	
5.宜林地	4403.54		4403.54
6.林业辅助生产用地	101.36		101.36
合计	30378.19	8171.15	22207.04

表3-3　第八次全国森林资源清查林地存量核算

单位：万公顷

项　目	合　计	培育资产	非培育资产
一、有林地和疏林地	19518.18	7047.15	12471.03
1.天然林	12471.03		12471.03
（1）有林地	12184.12		12184.12
用材林	3558.75		3558.75
薪炭林	150.74		150.74
防护林	6770.55		6770.55
特用林	1273.35		1273.35
经济林	71.06		71.06
竹林	359.67		359.67
（2）疏林地	286.91		286.91
2.人工林	7047.15	7047.15	
（1）有林地	6933.38	6933.38	
用材林	2734.33	2734.33	
薪炭林	25.97	25.97	
防护林	1799.33	1799.33	
特用林	147.33	147.33	
经济林	1985.46	1985.46	
竹林	240.96	240.96	
（2）　疏林地	113.77	113.77	
二、其他林地	11528	1786.14	9741.86
1.灌木林地	5590.22	414.09	5176.13
2.未成林地	710.75	710.75	
3.苗圃地	50.64	50.64	
4.无立木林地	1024.75	1024.75	
5.宜林地	3957.61		3957.61
6.林业辅助生产用地	194.03		194.03
合计	31046.18	8833.29	22212.89

地存量 31046.18 万公顷，其中，人工林地为主的培育资产面积为 8833.29 万公顷，天然林为主的非培育资产面积为 22212.89 万公顷，分别占林地资产总面积的 28.45% 和 71.55%（表 3-3）。

2. 林木

根据第八次全国森林资源清查数据核算，林木存量为 160.74 亿立方米，5 年间，林木总蓄积增加了 15.20 亿立方米，增长了 10.44%。其中，人工林为主的培育资产蓄积增长幅度小于天然林为主的非培育资产，但前者的增速明显高于后者。培育资产蓄积增加 5.92 亿立方米，增长了 25.64%；非培育资产蓄积增加 9.28 亿立方米，增长了 7.85%（表 3-4）。

（1）第七次清查。根据第七次全国森林资源清查结果核算，林木资产蓄积为 145.54 亿立方米，其中，人工林为主的培育资产为 23.08 亿立方米，天然林为主的非培育资产蓄积为 122.46 亿立方米，分别占林木资产总蓄积的 15.86% 和 84.14%，非培育资产蓄积为培育资产的 5.31 倍（表 3-5）。

（2）第八次清查。根据第八次全国森林资源清查结果核算，林木总蓄积为 160.74 亿立方米，其中，人工林为主的培育资产为 29.00 亿立方米，天然林为主的非培育资产为 131.74 亿立方米，分别占林木资产总蓄积的 18.04% 和 81.96%，非培育资产蓄积是培育资产蓄积的 4.54 倍（表 3-6）。

表3–4　全国林木实物存量核算结果

单位：万立方米

项　目	合　计	培育资产	非培育资产
第七次清查	1455393.8	230821.1	1224572.71
第八次清查	1607406.2	290012.3	1317394.01
变化（%）	10.44	25.64	7.58

表3-5　第七次全国森林资源清查林木存量核算

单位：万立方米

项　目	合　计	培育资产	非培育资产
一、林木	1347683.23	197578.64	1150104.59
1.天然林	1150104.59		1150104.59
（1）有林地	1140207.18		1140207.18
用材林	295655.38		295655.38
薪炭林	3536.07		3536.07
防护林	672831.16		672831.16
特用林	168184.57		168184.57
经济林			
竹林			
（2）疏林地	9897.41		9897.41
2.人工林	197578.64	197578.64	
（1）有林地	196052.28	196052.28	
用材林	127049.44	127049.44	
薪炭林	375.96	375.96	
防护林	62201.96	62201.96	
特用林	6424.92	6424.92	
经济林			
竹林			
（2）疏林地	1526.36	1526.36	
二、其他林木	107710.56	33242.44	74468.12
1.散生木	74468.12		74468.12
2.四旁树	33242.44	33242.44	
合计	1455393.79	230821.08	1224572.71

表3-6 第八次全国森林资源清查林木存量核算

单位：万立方米

项 目	合 计	培育资产	非培育资产
一、林木	1488478.85	249943.91	1238534.94
1.天然林	1238534.94		1238534.94
（1）有林地	1229583.97		1229583.97
用材林	305001.50		305001.50
薪炭林	5544.91		5544.91
防护林	710778.49		710778.49
特用林	208259.07		208259.07
经济林			
竹林			
（2）疏林地	8950.97		8950.97
2.人工林	249943.91	249943.91	
（1）有林地	248324.85	248324.85	
用材林	155193.83	155193.83	
薪炭林	364.67	364.67	
防护林	84037.53	84037.53	
特用林	8728.82	8728.82	
经济林			
竹林			
（2）疏林地	1619.06	1619.06	
二、其他林木	118927.37	40068.34	78859.03
1.散生木	78859.03		78859.03
2.四旁树	40068.34	40068.34	
合计	1607406.26	290012.25	1317394.01

（二）林地林木实物存量变动分析

1. 林地存量变动

总体上看，第八次全国森林资源清查期间，林地存量呈缓慢增长态势，5 年增长了 2.20%。其中，原始林林地面积基本没有发生变化，天然次生林林地面积增加了 1.99%，人工林林地面积增长 12.39%，其

表3-7　第八次全国森林资源清查期间林地存量变动

单位：万公顷

项　目	原始林	天然次生林	人工林	其他林地
期初存量（2008）	1163.24	10806.01	6168.84	12240.10
本期增加		846.29	1698.30	1829.76
经济因素		35.83	993.99	1549.03
自然因素		810.46	704.31	280.73
本期减少		631.42	933.76	2141.18
经济因素		386.96	644.23	1001.03
自然因素		244.46	289.53	1140.15
本期净增加		214.87	764.54	−311.42
期末存量（2013）	1163.24	11020.88	6933.38	11928.68

注：表中原始林和天然次生林指天然有林地的面积，人工林指人工有林地的面积。

他林地面积减少2.54%。天然次生林林地面积增长，95.76%是由于自然因素带来的结果，4.24%由于规划等分类调整带来的变化；人工林林地和其他林地面积增加主要由于经济因素（分别占58.53%和84.66%），包括造林更新、种植结构调整、规划调整和其他人为原因；天然次生林林地和人工林林地面积减少也主要由于经济因素造成（分别占61.28%和68.99%），包括采伐、种植结构调整、规划调整、征占用林地和毁林开荒等人为因素（表3-7）。

2. 林木存量变动

总体上，第八次全国森林资源清查期间，林木资产实现了净增加，5年间林木蓄积增长了10.44%（表3-8）。

天然林蓄积增长主要由于自然因素（占95.26%）；人工林和其他林木蓄积增长主要由于经济因素(分别占59.29%和79.36%),包括造林更新、种植结构调整、规划调整和其他人为原因；天然林蓄积和人工林蓄积减少也主要由于经济因素(分别占54.96%和63.53%),主要原因是经济因素，包括采伐、种植结构调整、规划调整、征占用林地和毁林开荒等。

表3-8 第八次全国森林资源清查期间林木存量变动

单位：万立方米

项目	天然林	人工林	其他林木
期初存量（2008）	1150104.59	197578.64	107710.56
本期增加	238190.65	140780.57	49550.25
经济因素	11301.20	83464.37	39322.75
自然因素	226889.45	57316.20	10227.50
本期减少	149760.30	88415.30	38333.44
经济因素	82315.19	56172.46	15518.94
自然因素	67445.11	32242.84	22814.50
本期净增加	88430.35	52365.27	11216.81
期末存量（2013）	1238534.94	249943.91	118927.37

注：天然林和人工林蓄积包括有林地和疏林地的蓄积。

二、林地林木资源价值量存量及变动分析

（一）价值量核算

1. 林地

根据第八次全国森林资源清查数据核算，全国林地资产总价值76434.36亿元，与第七次全国森林资源清查期末相比，5年期间，林地价值增加21254.83亿元，增长38.52%，其中，由林地面积增长引起的价值增长占2.22个百分点，由价格变化引起的价值增长占36.30个百分点。人工林地为主的培育资产增加9124.02亿元，增长46.30%，天然林地为主的非培育资产增加12130.81亿元，增长了34.20%（表3-9）。培育资产价值增速明显高于非培育资产。

（1）第七次清查。根据第七次全国森林资源清查结果核算，林地资产价值55179.53亿元（专栏3-1）。其中，人工林地为主的培育资产和天然林地为主的非培育资产分别为19706.75亿元和35472.784亿元，分别占林地资产的35.71%和64.29%（表3-10）。

（2）第八次清查。根据第八次全国森林资源清查结果核算，林地

表3-9　全国林地价值量核算结果

单位：亿元

项　目	合　计	培育资产	非培育资产
第七次清查	55179.53	19706.75	35472.78
第八次清查	76434.35	28830.77	47603.58
变化（%）	38.52	46.30	34.20

表3-10　第七次全国森林资源清查林地价值量核算

单位：亿元

项　目	合　计	培育资产	非培育资产
一、有林地和疏林地	42510.97	16891.89	25619.08
1.天然林	25619.08		25619.08
（1）有林地	25194.28		25194.28
用材林	8156.99		8156.99
薪炭林	195.28		195.28
防护林	13349.46		13349.46
特用林	2189.92		2189.92
经济林	277.17		277.17
竹林	1025.45		1025.45
（2）疏林地	424.80		424.80
2.人工林	16891.89	16891.89	
（1）有林地	16745.77	16745.77	
用材林	5627.94	5627.94	
薪炭林	44.72	44.72	
防护林	2899.77	2899.77	
特用林	226.61	226.61	
经济林	7236.14	7236.14	
竹林	710.59	710.59	

（续）

项　目	合　计	培育资产	非培育资产
（2）　疏林地	146.12	146.12	
二、其他林地	12668.56	2814.86	9853.70
1.灌木林地	4115.83	242.91	3872.92
2.未成林地	1393.14	1393.14	
3.苗圃地	573.08	573.08	
4.无立木林地	848.64	848.64	
5.宜林地	5737.87		5737.87
合计	55179.53	19706.75	35472.78

专栏 3-1　第七次全国森林资源清查林地各地类价值构成

根据第七次全国森林资源清查结果核算，林地总价值为 55179.53 亿元。按照地类分类，包括有林地、疏林地、灌木林地、未成林造林地、苗圃地、无立木林地和宜林地等 7 种地类，林业辅助生产用地不进行价值核算。其中，有林地价值 41940.05 亿元，所占比重最大，占林地总价值的 76.01%，所占比重最大；其次为宜林地，价值 5737.87 亿元，占林地总价值的 10.40%；灌木林地价值 4115.83 亿元，占林地总价值的 7.46%；疏林地价值 570.91 亿元，所占比重最小，为 1.03%（图 3-1）。

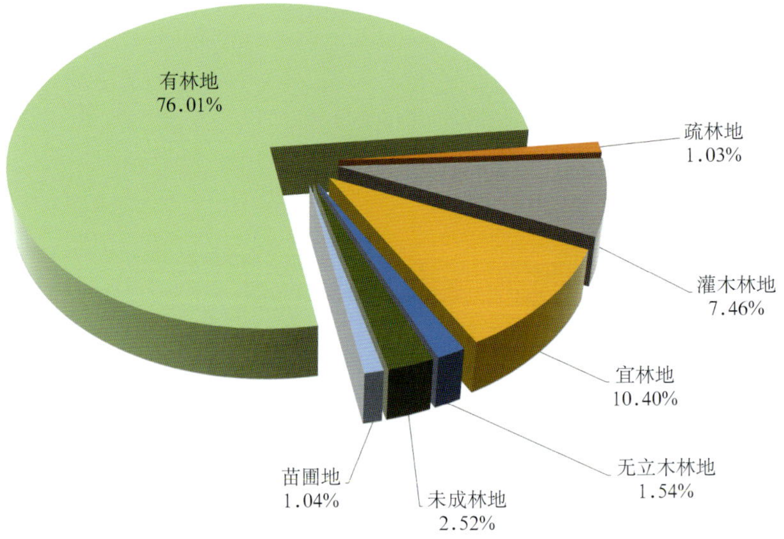

图3-1　第七次全国森林资源清查林地各地类价值构成

资产价值 76434.36 亿元*（专栏 3-2）。其中，人工林地为主的培育资产和天然林地为主的非培育资产是 28830.77 亿元和 47603.59 亿元，分别占林地资产的 37.72% 和 62.28%（表 3-11）。

（3）按经济区统计。按照经济分区**统计，第七次、八次全国森

表3-11　第八次全国森林资源清查林地价值量核算

单位：亿元

项　目	合　计	培育资产	非培育资产
一、有林地和疏林地	60355.51	25201.46	35154.05
1.天然林	35154.05		35154.05
（1）有林地	34719.30		34719.30
用材林	10641.24		10641.24
薪炭林	265.67		265.67

* 中国社会科学院李扬等在《中国主权资产负债表及风险评估》一文中，估算2010年全国国土资源总价值是44.3万亿元。

** 国家统计局公布的分区标准：东部地区（北京、天津、河北、上海、江苏、浙江、福建、山东、广东、海南）、中部地区（山西、安徽、江西、河南、湖北、湖南）、西部地区（内蒙古、广西、重庆、四川、贵州、云南、西藏、陕西、甘肃、青海、宁夏、新疆）、东北地区（辽宁、吉林、黑龙江）。

（续）

项　目	合　计	培育资产	非培育资产
防护林	18403.59		18403.59
特用林	3539.94		3539.94
经济林	320.06		320.06
竹林	1548.80		1548.80
（2）疏林地	434.75		434.75
2.人工林	25201.46	25201.46	
（1）有林地	25014.77	25014.77	
用材林	8856.21	8856.21	
薪炭林	54.93	54.93	
防护林	4768.33	4768.33	
特用林	417.45	417.45	
经济林	9868.38	9868.38	
竹林	1049.47	1049.47	
（2）疏林地	186.69	186.69	
二、其他林地	16078.84	3629.31	12449.53
1.灌木林地	5722.30	423.87	5298.43
2.未成林地	1200.98	1200.98	
3.苗圃地	857.61	857.61	
4.无立木林地	1570.73	1570.73	
5.宜林地	6727.23		6727.23
合计	76434.35	28830.77	47603.58

专栏 3-2　第八次全国森林资源清查林地各地类价值构成

根据第八次全国森林资源清查结果核算，林地总价值 76434.36 亿元。按照地类进行分类统计，有林地价值 59734.06637 亿元，占林地总价值的 78.15%；其次为宜林地，价值 6727.234415 亿元，占林地总价值的 8.80%；灌木林地价值 5722.30 亿元，占林地总价值的 7.49%；疏林地价值 621.44 亿元，所占比重最小，为林地总价值的 0.81%（图 3-2）。

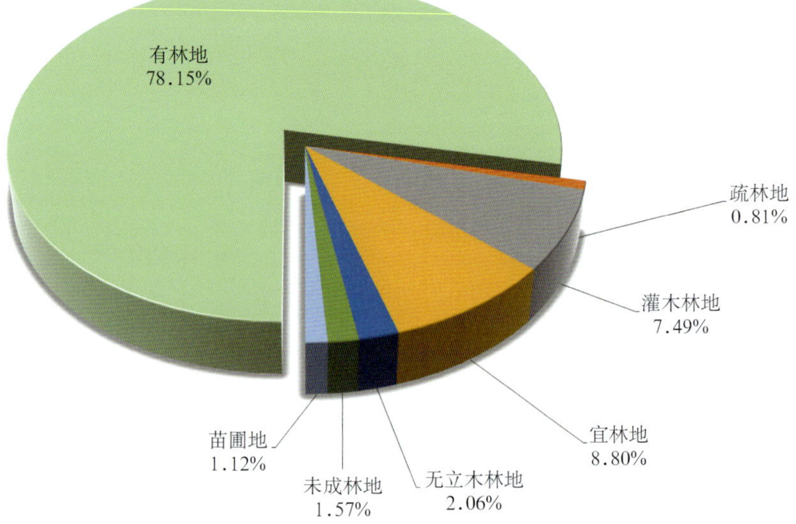

图3-2　第八次全国森林资源清查林地各地类价值构成

表3-12　第七次、八次全国森林资源清查林地价值分经济区统计表

单位：亿元，%

地　区	第七次清查		第八次清查	
	林地价值	占全国比例	林地价值	占全国比例
东　部	11406.64	20.67	15758.4	20.62
中　部	9894.17	17.93	13782.89	18.03
西　部	27660.83	50.13	38281.13	50.08
东　北	6217.88	11.27	8611.94	11.27

林资源清查林地价值核算结果见表 3-12。西部地区林地价值占全国林地价值的 50% 以上，东部地区林地价值超过全国林地价值 20%。

2. 林木

根据第八次全国森林资源清查结果核算，全国林木总价值达 136516.79 亿元，5 年间，林木资产价值增加 41783.30 亿元，增长了 44.11%，其中，由于林木蓄积增加引起价值增加因素占 6.35 个百分点，价格变化引起价值增长的因素占 37.76 个百分点。人工林为主的培育资产价值增加 18164.21 亿元，增长了 45.88%，天然林为主的非培育资产价值增加 23619.09 亿元，增长了 42.83%，培育资产占林木总价值的比重增加了 0.51 个百分点（表 3-13）。培育资产价值增速高于非培育资产。

（1）第七次清查。根据第七次全国森林资源清查结果核算，林木

表3–13　全国林木价值量核算结果

单位：亿元

项　目	合　计	培育资产	非培育资产
第七次清查	94733.49	39591.10	55142.39
第八次清查	136516.79	57755.30	78761.48
变化（%）	44.11	45.88	42.83

专栏 3-3　第七次全国森林资源清查各类林木价值构成

根据第七次全国森林资源清查数据核算，林木总价值 94733.49 亿元。其中天然林价值 52168.66 亿元，占林木总价值的 55.07%；人工林价值 38128.58 亿元，占林木总价值的 40.25%；其他林木价值 4436.24 亿元，所占比重最小，占林木总价值的 4.68%。

总价值 94733.49 亿元（专栏 3-3），其中，人工林为主的培育资产价值为 39591.10 亿元，天然林为主的非培育资产价值为 55142.39 亿元，分别占林木总价值的 41.79% 和 58.21%（表 3-14）。

（2）第八次清查。根据第八次全国森林资源清查结果核算，林木总价值 136516.79 亿元（专栏 3-4）。其中，人工林为主的培育资产和

表3-14 第七次全国森林资源清查林木价值量核算

单位：亿元

项　目	合　计	培育资产	非培育资产
一、林木	90297.25	38128.58	52168.67
1.天然林	52168.67		52168.67
（1）有林地	51774.35		51774.35
用材林	12500.48		12500.48
薪炭林	312.89		312.89
防护林	28713.68		28713.68
特用林	5806.28		5806.28
经济林	1165.70		1165.70
竹林	3275.31		3275.31
（2）疏林地	394.32		394.32
2.人工林	38128.58	38128.58	
（1）有林地	38057.66	38057.66	
用材林	4792.52	4792.52	
薪炭林	71.33	71.33	
防护林	3214.55	3214.55	
特用林	302.34	302.34	
经济林	27660.00	27660.00	
竹林	2016.92	2016.92	
（2）疏林地	70.92	70.92	
二、其他林木	4436.23	1462.51	2973.72
1.散生木	2973.72		2973.72
2.四旁树	1462.51	1462.51	
合计	94733.49	39591.10	55142.39

专栏 3-4　第八次全国森林资源清查各类林木价值构成

根据第八次森林资源清查结果核算，林木资产总价值136516.79 亿元，其中天然林价值 74596.52 亿元，占林木总价值的 54.64%；人工林价值 55480.42 亿元，占林木总价值的40.64%；其他林木价值 6439.84 亿元，占林木总价值的 4.72%。

天然林为主的非培育资产为 57755.30 亿元和 78761.48 亿元，分别占林木总价值的 42.31%、57.69%（表 3-15）。

（3）按经济区统计。第七、八次全国森林资源清查林木价值按照经济分区统计结果，如表 3-16 所示。西部地区林木价值约占全国林木价值的一半，林木价值所占比重在两次清查期间基本保持不变。

表3-15　第八次全国森林资源清查林木价值量核算

单位：亿元

项　目	合　计	培育资产	非培育资产
一、林木	130076.94	55480.42	74596.52
1.天然林	74596.52		74596.52
（1）有林地	74140.78		74140.78
用材林	16622.66		16622.66
薪炭林	436.21		436.21
防护林	40545.29		40545.29
特用林	10095.61		10095.61
经济林	1291.46		1291.46
竹林	5149.56		5149.56
（2）疏林地	455.75		455.75

（续）

项　目	合　计	培育资产	非培育资产
2.人工林	55480.42	55480.42	
（1）有林地	55384.14	55384.14	
用材林	8200.69	8200.69	
薪炭林	82.87	82.87	
防护林	5600.03	5600.03	
特用林	484.04	484.04	
经济林	38353.84	38353.84	
竹林	2662.67	2662.67	
（2）疏林地	96.28	96.28	
二、其他林木	6439.84	2274.88	4164.96
1.散生木	4164.96		4164.96
2.四旁树	2274.88	2274.88	
合计	136516.79	57755.30	78761.48

表3-16　第七、八次全国森林资源清查林木价值分经济区统计表

单位：亿元，%

地　区	第七次清查		第八次清查	
	林木价值	占全国比例	林木价值	占全国比例
东部	21043.45	22.21	29766.86	21.80
中部	15224.53	16.07	22063.54	16.16
西部	45165.78	47.68	65131.86	47.71
东北	13299.72	14.04	19554.53	14.32

（二）价值量变动分析

1.林地

第八次全国森林资源清查期间，林地价值期初存量为5.51万亿元，期末存量为7.64万亿元。本期内，总增加量为1.10万亿元，减少量0.93万亿元，重估价1.96万亿元，本期净增加2.13万亿元。产生变动的原因：一是天然次生林林地价值净增加9525.02亿元，比期初增长了37.81%，

其中价格影响因素占 35.51 个百分点。天然次生林林地价值净增量占林地总价值净增量的 44.81%。二是人工林林地价值净增加 8268.99 亿元，比期初增长了 49.38%，其中价格影响因素占 35.41 个百分点。人工林林地价值净增量占林地总价值净增量的 38.90%（表 3-17）。

2. 林木

林木价值量变动核算结果显示，林木期初价值存量是 9.47 万亿元，期末价值存量是 13.65 万亿元。本期内，林木价值量增加 2.20 万亿元，减少 1.38 万亿元，重估价 3.36 万亿元，本期净增加 4.18 万亿元。一是天然林的林木价值量净增加 2.24 万亿元，与期初相比增长了 42.99%，其中价格影响因素占 35.51 个百分点。天然林林木价值净增加占林木价值净增加的 53.67%。二是人工林的林木价值量净增加 17351.84 亿元，与期初相比增长了 45.51%，其中价格影响因素占 35.51 个百分点。人工林林木价值净增加占林木价值净增加的 41.53%（表 3-18）。

表3-17　第八次全国森林资源清查期间林地价值量变动

单位：亿元

项　目	原始林	天然次生林	人工林	其他林地
期初存量	2448.52	22745.76	16745.77	13239.48
本期增加		2378.86	4815.70	3772.21
经济因素		142.33	2876.94	2971.22
自然因素		2236.53	1938.76	800.99
本期减少		1799.84	2476.57	5026.89
经济因素		1092.47	1726.52	2179.62
自然因素		707.36	750.06	2847.27
重估价*		8946.00	5929.87	4715.49
本期净增加		9525.02	8268.99	3460.81
期末存量	2448.52	32270.78	25014.76	16700.29

注：重估价是指由于价格变动造成的资产价值增减情况。

表3-18　第八次全国森林资源清查期间林木价值量变动

单位：亿元

项　目	天然林	人工林	其他林木
期初存量	52168.66	38128.58	4436.24
本期增加	10233.28	9499.97	2223.36
经济因素	538.12	5755.37	1748.52
自然因素	9863.91	4193.36	507.10
本期减少	6329.50	5686.86	1794.98
经济因素	3255.50	3407.40	760.37
自然因素	3248.78	1786.93	1070.41
重估价	18524.08	13538.72	1575.22
本期净增加	22427.86	17351.84	2003.60
期末存量	74596.52	55480.42	6439.84

三、主要结论

本研究采纳并吸收了当前国际上最前沿的环境经济核算理论和方法，同时结合我国的林业发展和森林资源统计分类情况，核算结果基本反映了我国森林资源资产存量的现状和变化，为编制森林资源资产负债表奠定了基础。林地林木资源核算账户框架上实现了与国际接轨。林地林木核算账户框架基本符合 SEEA—2012 的核算体系；估价方法采用了国内成熟的森林资源资产评估方法，与 SEEA—2012 推荐的方法基本一致；林地林木资源核算的实物量数据全部来源于全国森林资源清查结果，数据可信度高。同时，价值量核算所需的基础数据采用全国范围内分省份的专项调查获得，确保了数据可靠性。

根据第八次全国森林资源清查结果核算，全国现有林地面积 3.10 亿公顷、活立木蓄积 160.74 亿立方米；现有林地资产价值 7.64 万亿元，林木资产价值 13.65 万亿元；林地林木资产总价值 21.29 万亿元。

（一）林地林木实物与价值量不断增加，人均森林财富不断增长

第八次全国森林资源清查期间，我国森林面积增加 1223 万公顷，森林蓄积增加 14.16 亿立方米，森林覆盖率由 20.36% 提高到 21.63%；每公顷林木蓄积量增加 3.91 立方米，每公顷林木年均生长量增加 0.28 立方米，近成过熟林面积比例上升 3 个百分点。核算结果显示，全国林地林木总价值净增加 6.31 万亿元，增长率高达 42.05%。其中，林地林木实物增长因素占 4.83 个百分点，按一般物价水平变化衡量的林地林木价值变化占 16.48 个百分点，超过一般物价变化水平的林地林木价值增长占 20.74 个百分点。林地林木资产的价值总量可观，从财富的角度看，如果按照 2012 年全国人口 13.54 亿计算，相当于我国人均拥有森林财富 1.57 万元，比第七次全国森林清查期末的人均财富值 1.13 万元增加了 0.44 万元，增长了 38.94%。森林作为重要而独特的战略资源，对推动绿色发展具有不可替代的作用。

（二）天然林资源逐步恢复，生态林业建设扎实推进

核算结果显示，到第八次清查期末，天然林的总面积和总蓄积分别达到 1.22 亿公顷和 122.96 亿立方米，总价值达到 10.93 万亿元。5 年间，天然次生林面积和蓄积分别增加了 214.87 万公顷和 8.84 亿立方米，林地价值净增加 9525.02 亿元，比期初增长了 37.81%，净增量占林地总价值净增量的 44.81%。天然林的林木价值净增加 2.24 万亿元，与期初相比增长了 42.99%，净增量占林木总价值净增量的 53.67%。随着天然林资源保护工程的不断深入，森林生态效益补偿等制度不断完善，天然林保护力度进一步加大，天然林得到了进一步的休养生息。

（三）人工林资产持续增长，民生林业的资源基础进一步夯实

核算结果显示，到第八次清查期末，人工林总价值为 8.05 万亿元，

其中，人工林地价值 25014.76 亿元，林木价值 55480.42 亿元。5 年间，人工林面积、蓄积分别增加 442.51 万公顷和 2.81 亿立方米，人工林资产价值增加 2.13 万亿元，其中，人工林林地价值净增加 0.83 万亿元，比期初增长了 49.38%；林木价值净增加 1.74 万亿元，与期初相比增长了 45.51%。随着国家林业投资的不断增加，林业重点工程的稳步推进，营造林面积不断增长。同时，在森林抚育补贴、造林补贴等林业公共财政政策激励下，社会造林营林积极性进一步提高，速生丰产用材林、经济林、竹林规模不断扩大，进一步夯实了民生林业发展的资源基础。

（四）西部地区林地林木非培育资产增长明显，国家重点生态区位森林生态系统得到有效保护

核算结果显示，西部地区 12 个省（自治区、直辖市）林地林木价值达到 10.34 万亿元，占全国林地林木总价值的 48.56%。5 年间，西部地区林地面积增长 2.58%，超过全国平均增长速度；林地林木价值增加 3.06 万亿元，占全国总价值增量的 48.52%。其中，以天然林资源为主的非培育资产价值增加 2.06 万亿元，占全国总价值增量的 57.74%；以人工林为主的培育资产价值增加 0.99 万亿元，占全国总价值增量的 36.44%。近些年，国家加快推进西部大开发战略，对西部生态建设的高度重视和持续投入，促进了西部地区森林资源的持续快速增长。

（五）东部地区培育性资产价值快速增长，林业产业发展带动了资源培育

核算结果显示，第八次清查期末，东部地区 10 个省（自治区、直辖市）林地面积和蓄积分别占全国的 13.63% 和 10.89%，林地林木价值 4.55 万亿元，占全国林地林木总价值的 21.38%。5 年间，东部地区

培育资产价值增加 0.89 万亿元，占全国培育资产净增加量的 32.64%，其中，林地培育资产增加量占全国增量的 18.05%，林木培育资产增加量占全国增量的 34.79%。近年来林产加工业迅猛发展，带动了人工用材林、经济林和竹林等资源培育业的快速发展。

（六）尽管林地林木资源总量与经济价值稳步增长，但严守林业生态红线的压力依然存在

第八次全国森林资源清查和本次核算结果显示，5 年间，全国林地面积增加 2.20%、价值增加 38.52%，林木蓄积增加了 10.44%、价值增加 44.11%，林地林木价值增速远远超过了林地面积和林木蓄积的增长，森林资源保护的压力越来越大。5 年间，由于征占用林地、毁林开荒和采伐等人为因素，林地培育资产和非培育资产面积分别减少了 386.96 万公顷和 644.23 万公顷，价值量分别减少了 1092.47 亿元和 1726.52 亿元。我国现有林地面积 46.5 亿亩，其中森林面积 31.2 亿亩，森林蓄积量达到 151.37 亿立方米，与《推进生态文明建设规划纲要》确定的林地面积达到 46.8 亿亩、森林面积 37.4 亿亩、森林蓄积量达到 200 亿立方米的红线目标相比，仍有很大的差距，维护国家生态安全任务仍然十分艰巨。

长白山一望无际的原始林（杨丹　摄影）

兴安落叶松林（陈建伟　摄影）

第四章
森林生态系统服务核算

第一节　森林生态系统服务核算的背景
第二节　森林生态连清体系构建
第三节　森林生态服务价值量核算方法
第四节　森林生态服务物质量核算结果
第五节　森林生态服务价值量核算结果
第六节　森林生态服务核算主要结论

2002）。这样能够充分保证每一层次的监测都具备专业性，而不会产生偏重某一方面的问题。

美国的森林资源清查与分析已有70多年历史。从20世纪90年代开始，美国就开展了森林健康监测（Klos，2009；Woodall et al.，2010；Woodall et al.，2011）。1998年，美国国会要求设计一个综合的森林清查和森林健康监测体系，取名为森林资源清查与监测体系。这是美国森林资源清查转折点。通过5年时间的过渡与调整，到2003年，美国已经全面采用了新的设计方案，同步实施了对森林资源与森林健康的清查与监测（叶荣华，2003）。

1994年林业部颁布了《国家森林资源连续清查主要技术规定》，调查的内容主要以森林面积和蓄积为主（陈雪峰等，2004），但不包括森林生态状况。2004年，为指导第七次全国森林资源清查，国家林业局颁布了《国家森林资源连续清查技术规定》（简称《技术规定》），首次将森林生态状况的观测纳入森林资源连续清查内容之中，增加了群落结构、林层结构、树种结构、自然度、植被盖度等森林结构指标，但还缺乏森林生态功能指标。从第七次全国森林资源清查开始，国家林业局启动了“中国森林生态系统服务功能评估”研究（中国森林生态系统服务功能评估项目组，2010），首次采用了森林生态连清体系，并与森林资源清查体系相耦合，为实现森林生态系统服务核算打下了坚实的基础。

综上所述，随着对资源与环境问题的关注，人们越来越重视森林生态状况及森林生态系统服务的监测。利用森林生态连清体系进行森林生态服务核算，描述我国森林生态服务的动态变化，为完善森林生态环境动态评估、监测和预警体系提供了科学依据。核算结果能够体现林业在生态环境建设中的主体地位和作用，为生态补偿机制建立、生态文明建设和现代林业建设提供决策信息。

第二节　森林生态连清体系构建

本次研究采用的森林生态连清体系如图 4-1 所示，主要包括野外观测连清体系和分布式测算评估体系两大部分。

一、观测体系布局

野外观测是构建森林生态连清体系的重要基础，为了做好这一基础工作，需要考虑如何构架观测体系布局，即首先要考虑森林生态站在全国布局的数量，需要科学判断区域代表性森林生态站的数量。为此，国家林业局等部门进行了科学规划、站点设置、合理性评估等大量前期工作。

森林生态站是通过在典型森林地段建立长期观测点与观测样地，

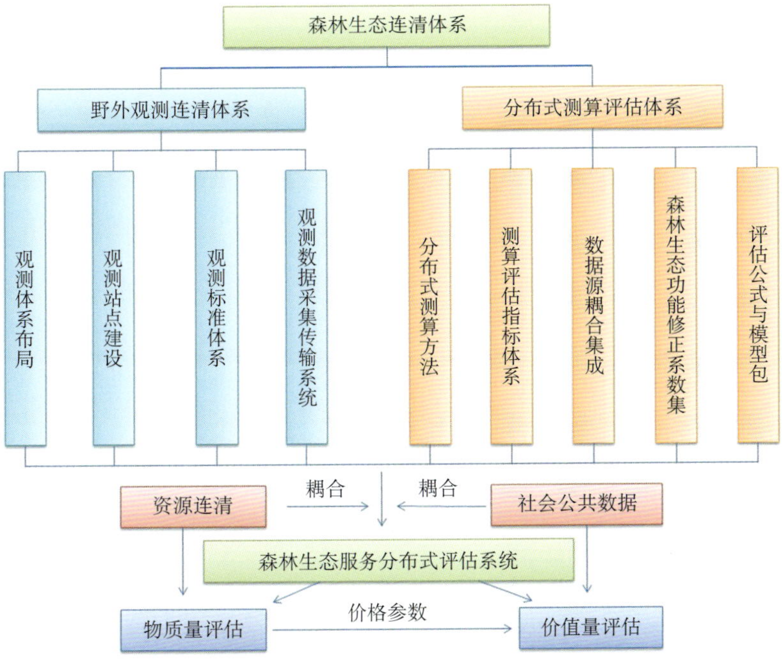

图4-1　中国森林生态连清体系框架

对森林生态系统的组成、结构、生物生产力、养分循环、水循环和能量利用等在自然状态下或某些人为活动干扰下的动态变化格局与过程进行长期观测，阐明生态系统发生、发展、演替的内在机制和自身的动态平衡，以及参与生物地球化学循环过程等的长期定位观测（Wang et al.，2004；国家林业局，2008）。它能够长期、系统、全面地观测森林生态系统的水、土、气、生因子的动态变化规律。最早的长期定位观测始于1843年的英国洛桑试验站（Rothamsted）。随着全球生态环境问题的日益严重，为解决人类所面临的资源、环境和生态系统方面的问题，国际上相继建立了一系列国家、区域和全球性的长期监测、研究网络（王兵等，2003；2004），主要集中在欧洲、前苏联、美国、日本、印度等国家，其中最著名的有国际长期生态研究网络（ILTER）、美国的长期生态学研究网络（USLTER）、英国的环境变化研究网络（ECN）、东南亚农业生态系统网络（SUAN）等。在长期定位观测研究中，也包括了许多生态系统服务指标的观测，为建立森林生态连清体系打下了坚实的基础。

森林生态站网络布局总体上是以典型抽样为基础。根据全国的水热分布和森林立地情况等，选择具有典型性及代表性的区域，具有明显的层次性。首先，依据中国森林立地区划图和中国地理区域系统两大区划体系完成中国森林生态区的界定，并将其作为森林生态站网络布局的基础区划。同时，将重点生态功能区、生物多样性热点和关键区划结合，筛选出其中森林相关区域，获得我国重点森林生态站的布局区域。最后，将中国森林生态区和重点森林生态站布局区域相结合，最终获得森林生态站的布局依据基础，确保每个森林生态区内至少有一个森林生态站，区内如有重点生态功能区，则优先布设森林生态站。

在国家尺度上的森林生态站建设方面，中国拥有世界上数量相对较多、空间布局完善、标准化程度高的观测网络。2008 年正式发布了《国家林业局陆地生态系统定位研究网络中长期发展规划(2008 ～ 2020 年)》(国家林业局，2008a)，目前，国家林业局已批准建设森林生态站达 100 个，基本形成了由南向北以热量驱动、由东向西以水分驱动的全国性监测网络。

二、观测站点建设

森林生态观测站点建设依据中华人民共和国林业行业标准《森林生态系统定位研究站建设技术要求》(LY/T 1626—2005)(国家林业局，2005)、《森林生态站数字化建设技术规范》(LY/T 1873—2010)(国家林业局,2010b)和《森林生态站工程项目建设标准》进行。按照规定，其建设内容涵盖了森林生态连清野外观测所需要的基础设施、观测设施、仪器设备等。

观测站点一般选择在能代表不同气候带主要植被类型，且能表征土壤、水文及生境等特征，人为干扰小，交通、水电等条件相对便利的典型植被区域。观测站点的建设内容由综合实验楼、辅助设施、观测设施、仪器设备和人员配置等部分组成（表 4-1)。

表4–1　观测站点建设内容

类　别	建设内容
综合实验室	功能用房和辅助用房建设
辅助设施	观测用车、观测区道路、供水设施、供电设施、供暖设施、通信设施、标识牌、综合实验楼周围围墙、宽带网络等方面的建设
观测设施	地面气象观测场、林内气象观测场、测流堰、水量平衡场、坡面径流场、长期固定标准地、综合观测铁塔等方面的建设
仪器设施	水分要素观测、土壤要素观测、气象要素观测、生物要素观测、森林环境空气质量观测、数据管理与存储、实验室仪器等设备的购置
人员配置	人员配置结构和数量要求

注：建设内容未包括土地征占用。

观测站点观测设施主要包括地面气象观测场、林内气象观测场、测流堰、水量平衡场、坡面径流场、长期固定标准地、综合观测铁塔等。观测站点仪器设备的选择以中华人民共和国林业行业标准《森林生态系统定位研究站建设技术要求》(LY/T 1626—2005)(国家林业局，2005)为主要依据。充分考虑仪器设备的测量精度、范围、存储大小、自动性、长期稳定性、易维护性和可扩展性，满足中华人民共和国林业行业标准《森林生态系统定位观测指标体系》(LY/T 1606—2003)(国家林业局，2003)中规定的相应观测指标的需求，具体内容参见中华人民共和国林业行业标准《森林生态系统长期定位观测方法》(LY/T 1952—2011)(国家林业局，2011)。仪器设备主要包括进行水分要素、土壤要素、气象要素、生物要素、森林环境空气质量观测的野外仪器和用于植物、土壤和水分样品分析的实验室仪器以及数据观测和存储设备等（表 4-2)。

数字化森林生态站是野外观测站点建设不可缺少的一部分，同时也是未来发展的主要方向，它是指应用“3S”技术、计算机技术、

表4-2 观测站点仪器设备建设内容

类别	仪器设备	主要功能	数量（套）
水分要素观测	树干液流测量系统	测量树干液流及树木蒸腾	1～3
	水位、流速和流量测量系统	测量流域出水口的水位、流速和流量	1～3
	多参数水质监测仪	测量水体的温度、电导率、pH、浊度、溶解氧含量等多个水质参数	1
	便携式土壤含水量测量系统	测量土壤的水分含量	1
土壤要素观测	土壤导水率测量系统	测量非饱和导水率和饱和导水率	1
	开路式土壤碳通量测量系统	测量土壤CO_2的释放量	1
	露点水势仪*	测量土壤露点水势	1
气象要素观测	自动气象站**	自动采集和存储各种气象要素	2
	梯度气象站	自动采集和存储各种梯度气象要素	1

（续）

类　别	仪器设备	主要功能	数量（套）
生物要素观测	植物冠层分析仪	测量叶面积指数	1
	年轮分析仪*	测量树木的年轮宽度	1
	根系生长监测系统*	非破坏性地动态追踪分析根系形态因子	1
	径向生长仪*	测量树木的径向生长	10～20
	超声波测高测距仪	测量树木高度和水平距离	2
	便携式叶面积仪	测量树木叶片的面积	1
	便携式光合仪	测量植物叶片的光合速率、蒸腾速率、气孔导度等相关指标	1
	差分式GPS	测量和定位长期固定标准地的位置等	2
	“智能化”涡度相关测量系统	测量森林植被层与大气层之间的冠层CO_2和水汽通量	1～3
	CO_2廓线系统*	测定不同梯度的CO_2浓度	1～3
	大口径闪烁仪*	开展区域和景观水平森林生态系统水汽通量观测	1
森林环境空气质量观测	空气颗粒物监测仪**	用于测定大气中$PM_{2.5}$等空气颗粒物的浓度	1
	森林环境空气质量监测系统**	用于测量森林环境空气中CO_2、NO、NO_2、SO_2、O_3、CO的浓度	1
	气溶胶再发生器**	测量植物叶片样品吸附$PM_{2.5}$等空气颗粒物的量	1
	大气干湿沉降仪	测量降雨量，收集大气降水和降尘样品，以测定和计算大气干湿沉降量	1
数据管理与存储	数据传输设备	数据发射、接收和传输	1
	数据处理和分析设备	数据采集、存储、处理和分析	4
实验室内仪器设备	连续流动分析仪	水体、土壤、植物提取液及其他样品的快速分析	1
	土壤氮循环监测系统	监测土壤中氮素的循环过程	1

*为选配的仪器设备；**为城市森林生态站必须配置的仪器设备。

数字化技术、网络技术、自动化技术、智能技术和可视化技术，通过数字化设备将每个观测仪器与森林生态站进行无缝连接，实现长期连续观测数据标准化、规范化自动采集与远程传输及更新，保证长期定位观测对象、仪器设备和全过程信息数字化和可视化的表达、管理与共享等功能的森林生态站。其数字化观测和数据采集设备见表 4-3。

表4-3　数字化观测和采集仪器设备

类　别	设备名称	数字化性能要求
气象观测	自动气象站	①传感器均配置数据远程传输模块； ②技术性能要求见QX/T 45-2007 地面气象观测规范第1部分：总则
	水面蒸发自动测定仪器	①传感器配置数据远程传输模块； ②数据采集误差±1毫米，分辨率0.2毫米
水文观测	自动记录雨量计	①传感器配置数据远程传输模块； ②精度1.0%，分辨率0.2毫米
	自动流量计	①传感器配置数据远程传输模块； ②分辨率0.5毫米，误差＜±4%
	自动水位计	①传感器配置数据远程传输模块； ②分辨率0.8毫米
	水质自动分析仪	①传感器均配置数据远程传输模块；②温度测量精度±0.1℃，分辨率0.01℃；③盐度测量精度±0.2%，分辨率 0.01%；④pH测量精度±0.05pH，分辨率0.01pH；⑤溶解氧测量精度±0.5毫克/升，分辨率0.01毫克/升；⑥电导率测量精度±1%，分辨率4位；⑦氨测量精度±10%，分辨率0.1%
	树干液流系统	①传感器配置数据远程传输模块；②采集器需有100天的数据存储容量
土壤观测	土壤水分测定仪	①传感器配置数据远程传输模块；②测量精度：0～40%
	土壤蒸渗仪	①传感器配置数据远程传输模块；②土柱高度和土柱直径要求300毫米以上；③称重负载100千克以上，误差＜0.03%
	土壤温度采集记录仪	①传感器配置数据远程传输模块； ②分辨率0.1℃
	土壤碳通量测定系统	①传感器配置数据远程传输模块； ②CO_2测量范围在0～3000毫克/升浓度，精确度达1.5%； ③H_2O测量精确度1.5%
生物观测	根系分析系统	①传感器配置数据远程传输模块； ②具彩色摄像机的图像捕捉系统和分析软件
	胸径生长测定仪	①传感器配置数据远程传输模块； ②测量范围：5～200毫米，精度0.1毫米
	树高生长测定仪	①传感器配置数据远程传输模块； ②测量精度0.2毫米
	涡度相关测量系统（开路式或闭路式）	①传感器配置数据远程传输模块； ②CO_2测量分辨率0.01毫克/升浓度； ③H_2O测量范围分辨率0.03百帕/（毫摩尔·毫米）； ④风速测量精度＜±1%； ⑤风向测量精度＜±1°
	CO_2廓线仪	传感器配置数据远程传输模块； CO_2测量范围为0～3000毫克/升浓度（微摩尔/摩尔），分辨率为0.01毫克/升浓度
空气质量观测	空气质量监测系统（SO_2、NO_X和CO浓度）	①传感器配置数据远程传输模块； ②SO_2浓度＜0.5微克/升浓度； ③NO_X浓度＜0.5微克/升浓度； ④CO浓度＜10微克/升浓度
	负离子仪	①传感器配置数据远程传输模块； ②输出精确度＜1%，误差＜0.002毫克/升浓度/分钟，灵敏度误差＜5%

（续）

类 别	设备名称	数字化性能要求
其他观测	干湿沉降收集设备	①传感器配置数据远程传输模块； ②具有直流和交流供电，连续采样功能
	冠层分析仪	最大偏轴误差<1.00°；最大放大率误差<0.50°
	年轮分析仪	分辨率<0.01毫米
	Li-6400 光合测定系统	红外气体分析仪位于传感器头部，CO_2测量分辨率<0.01毫克/升浓度
	全站仪	最小显示单位0.01毫米
	连续流动分析仪	标准曲线相关系数不小于0.999；回收率须满足90%～100%
	自动摄像系统	具有数据采集和发射功能
	小型报警装置	具有监视报警功能

三、观测标准体系

全球生态环境的不断恶化，一方面引起了世界各国的广泛关注，另一方面也使生态学研究的问题趋于复杂化和综合化，研究对象的时空尺度变得越来越大。在这种背景下，很多大型的生态研究网络应运而生，国际上相继建立了一系列以解决人类所面临的资源、环境和生态系统方面问题为目的的不同尺度（区域、国家和全球）下的长期观测和研究网络，这些网络注重长周期、大尺度的定位研究。尽管目前一些网络制定了相关野外观测方法和规范，但仍缺乏森林生态站建设、管理及评估等方面内容，更没有将其上升到标准化战略的高度。因此，将这些标准化规范构建成一个标准体系更是前所未有的全新课题。

森林生态系统定位观测的标准化作为林业标准化体系的一部分，是林业生态建设发展的必然趋势。森林生态系统定位观测的标准化研究是近年来森林生态系统研究领域的新方向，国内外正处于探索阶段。目前，森林生态系统观测研究网络发展迅速，而且森林生态系统定位观测的学科专业性很强，涉及水分、土壤、大气、生物等诸多领域。但森林生态系统定位观测标准体系的缺乏，相关标准的不完善造成了

表4-4 数据处理和分析设备

类 别	仪器或软件名称	主要性能要求
软 件	数据信息管理系统	数据接收和存储
	数据分析处理软件	数据处理和分析
硬 件	网络交换机	数据存储和转发
	网络服务器	网站运行设备
	电脑	数据处理
	打印机	数据打印
	扫描仪	纸质、图纸数据整理
	照相机	图像数据获取
	图像处理卡	图像及视频信号处理
辅助设备	UPS不间断电源	供电保障
	稳压电源	保护设备
	小型发电机	5千瓦以上
	蓄电池	备用电源
	电源逆变器	5千瓦以上
	自动充电器	5千瓦以上

五、分布式测算方法

分布式测算源于计算机科学，是研究如何把一项整体复杂的问题分割成相对独立运算的单元，并将这些单元分配给多个计算机进行处理，最后将计算结果综合起来，统一合并得出结论的一种科学计算方法。利用此原理，中国森林生态系统服务核算分布式测算方法见图 4-2 所示。

中国森林生态系统服务的测算是一项非常庞大、复杂的系统工程，很适合划分成多个均质化的生态测算单元开展核算（Niu et al., 2013）。因此，分布式测算方法是目前核算中国森林生态系统服务所采用的较为科学有效的方法。并且，通过第七次全国森林资源数据核算，全国森林生态系统服务核算已经证实，分布式测算方法能够保证结果的准确性及可靠性（牛香，2012a）。

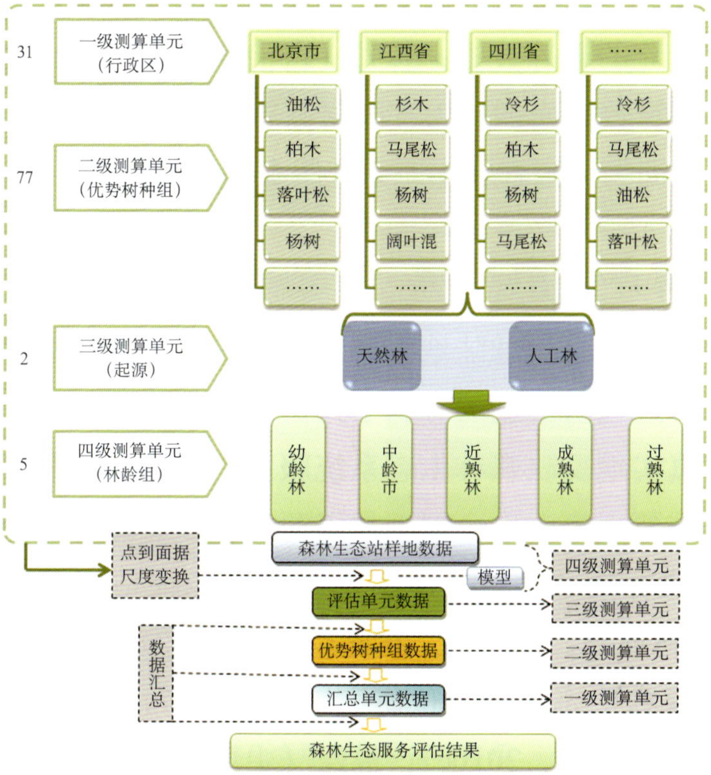

图4-2　中国森林生态服务核算分布式测算方法

分布式测算方法的具体思路为：首先将全国（港、澳、台除外）按照省级行政区划分为一级测算单元；在每个一级测算单元中，按照优势树种组划分成 77 个二级测算单元［本核算中的林分类型是指《国家森林资源连续清查技术规定》中的乔木林优势树种（组）、经济林、竹林和灌木林］；在每个二级测算单元中，再按照起源分为天然林和人工林划分三级测算单元；在每个三级测算单元中，按照林龄组划分为幼龄林、中龄林、近熟林、成熟林、过熟林等第四级测算单元，再结合不同立地条件的对比观测，最终确定 7150 个相对均质化的生态服务核算单元。

基于生态系统尺度的定位实测数据，运用遥感反演、模型模拟（IBIS–集成生物圈模型）等技术手段（王萍，2009），进行由点到面的

四川九寨沟诺日朗瀑布（陈建伟 摄影）

公式：

$$G_{调}=10A\cdot(P-E-C)$$

式中：$G_{调}$——实测林分年调节水量（立方米/年）；

P——实测林分林外降水量（毫米/年）；

E——实测林分蒸散量（毫米/年）；

C——实测林分地表快速径流量（毫米/年）；

A——林分面积（公顷）。

（2）年净化水量价值。森林生态系统年净化水质价值根据净化水质工程的成本（替代工程法）计算，采用如下公式计算：

$$U_{水质}=10K_{水}\cdot A\cdot(P-E-C)\ t$$

式中：$U_{水质}$——实测林分净化水质价值（元/年）；

$K_{水}$——污水处理成本（元/立方米）（见附件七）；

P——实测林外降水量（毫米/年）；

E——实测林分蒸散量（毫米/年）；

C——实测地表快速径流量（毫米/年）；

A——林分面积（公顷）；

t——价格参数换算系数。

（二）保育土壤功能

森林凭借庞大的树冠、深厚的枯枝落叶层及强壮且成网络的根系截留大气降水，减少或免遭雨滴对土壤表层的直接冲击，有效地固持土体，降低了地表径流对土壤的冲蚀，使土壤流失量大大降低。而且森林的生长发育及其代谢产物不断对土壤产生物理及化学影响，参与土体内部的能量转换与物质循环，使土壤肥力提高，森林是土壤养分的主要来源之一。为此，本次核算选用 2 个指标，即固土指标和保肥指标，以反映森林保育土壤功能。

1. 固土指标

（1）年固土量。林分年固土量公式为：

$$G_{固土}=A\cdot(X_2-X_1)$$

式中：$G_{固土}$——实测林分年固土量（吨/年）；

X_1——有林地土壤侵蚀模数［吨/（公顷·年）］；

X_2——无林地土壤侵蚀模数［吨/（公顷·年）］；

A——林分面积（公顷）。

（2）年固土价值。由于土壤侵蚀流失的泥沙淤积于水库中，减少了水库蓄积水的体积，根据蓄水成本（替代工程法）计算林分年固土价值，公式为：

$$U_{固土}=A\cdot C_{土}\cdot(X_2-X_1)\cdot t/\rho$$

式中：$U_{固土}$——实测林分年固土价值（元/年）；

X_1——有林地土壤侵蚀模数［吨/（公顷·年）］；

X_2——无林地土壤侵蚀模数［吨/（公顷·年）］；

$C_{土}$——挖取和运输单位体积土方所需费用（元/立方米）（见附件七）；

ρ——土壤容重（克/立方厘米）；

A——林分面积（公顷）；

t——价格参数换算系数。

2. 保肥指标

（1）年保肥量。林分年保肥量计算公式：

$$G_N=A\cdot N\cdot(X_2-X_1)$$

$$G_P=A \cdot P \cdot (X_2-X_1)$$

$$G_K=A \cdot K \cdot (X_2-X_1)$$

式中：G_N——森林固持土壤而减少的氮流失量（吨/年）；

G_P——森林固持土壤而减少的磷流失量（吨/年）；

G_K——森林固持土壤而减少的钾流失量（吨/年）；

X_1——有林地土壤侵蚀模数［吨/（公顷·年）］；

X_2——无林地土壤侵蚀模数［吨/（公顷·年）］；

N——土壤含氮量（%）；

P——土壤含磷量（%）；

K——土壤含钾量（%）；

A——林分面积（公顷）。

（2）年保肥价值。年固土量中氮、磷、钾的数量换算成化肥即为林分年保肥价值。林分年保肥价值以固土量中的氮、磷、钾数量折合成磷酸二铵化肥和氯化钾化肥的价值来体现。公式为：

$$U_{肥}=A \cdot (X_2-X_1) \cdot (N \cdot C_1 \cdot t/R_1+P \cdot C_1 \cdot t/R_2+K \cdot C_2 \cdot t/R_3+M \cdot C_3 \cdot t)$$

式中：$U_{肥}$——实测林分年保肥价值（元/年）；

X_1——有林地土壤侵蚀模数［吨/（公顷·年）］；

X_2——无林地土壤侵蚀模数［吨/（公顷·年）］；

N——森林土壤平均含氮量（%）；

P——森林土壤平均含磷量（%）；

K——森林土壤平均含钾量（%）；

M——森林土壤平均有机质含量（%）；

R_1——磷酸二铵化肥含氮量（%）；

R_2——磷酸二铵化肥含磷量（%）；

R_3——氯化钾化肥含钾量（%）；

C_1——磷酸二铵化肥价格（元 / 吨）（见附件七）；

C_2——氯化钾化肥价格（元 / 吨）（见附件七）；

C_3——有机质价格（元 / 吨）（见附件七）；

A——林分面积（公顷）；

t——价格参数换算系数。

（三）固碳释氧功能

森林与大气的物质交换主要是二氧化碳与氧气的交换，即森林固定并减少大气中的二氧化碳和提高并增加大气中的氧气，这对维持大气中的二氧化碳和氧气动态平衡、减少温室效应以及为人类提供生存的基础都有巨大和不可替代的作用（Wang et al.，2013a；Wang et al.，2013b）。为此本研究选用固碳、释氧 2 个指标反映森林固碳释氧功能。根据光合作用化学反应式，森林植被每积累 1.00 克干物质，可以吸收（固定）1.63 克二氧化碳，释放 1.19 克氧气。

1. 固碳指标

（1）植被和土壤年固碳量。计算公式为：

$$G_{碳}=A\cdot(1.63R_{碳}\cdot B_{年}+F_{土壤碳})$$

式中：$G_{碳}$——实测年固碳量（吨 / 年）；

$B_{年}$——实测林分年净生产力［吨 /（公顷 · 年）］；

$F_{土壤碳}$——单位面积林分土壤年固碳量［吨 /（公顷 · 年）］；

$R_{碳}$——二氧化碳中碳的含量，为 27.27%；

A——林分面积（公顷）。

公式计算得出森林的潜在年固碳量，再从其中减去由于森林采伐造成的生物量移出从而损失的碳量，即为森林的实际年固碳量。

（2）年固碳价值。林分植被和土壤年固碳价值的计算公式为：

$$U_{碳}=A \cdot C_{碳} \cdot (1.63R_{碳} \cdot B_{年}+F_{土壤碳}) \cdot t$$

式中：$U_{碳}$——实测林分年固碳价值（元/年）；

$B_{年}$——实测林分年净生产力［吨/（公顷·年）］；

$F_{土壤碳}$——单位面积森林土壤年固碳量［吨/（公顷·年）］；

$C_{碳}$——固碳价格（元/吨）（见附件七）；

$R_{碳}$——二氧化碳中碳的含量，为27.27%；

A——林分面积（公顷）；

t——价格参数换算系数。

公式得出森林的潜在年固碳价值，再从其中减去由于森林年采伐消耗量造成的碳损失，即为森林的实际年固碳价值。

2. 释氧指标

（1）年释氧量。林分年释氧量计算公式：

$$G_{氧气}=1.19A \cdot B_{年}$$

式中：$G_{氧气}$——实测林分年释氧量（吨/年）；

$B_{年}$——实测林分年净生产力［吨/（公顷·年）］；

A——林分面积（公顷）。

（2）年释氧价值。林分年释氧价值采用以下公式计算：

$$U_{氧}=1.19C_{氧} \cdot A \cdot B_{年} \cdot t$$

式中：$U_{氧}$——实测林分年释氧价值（元/年）；

$B_{年}$——实测林分年净生产力［吨/（公顷·年）］；

$C_{氧}$——制造氧气的价格（元/吨）（见附件七）；

A——林分面积（公顷）；

t——价格参数换算系数。

（四）净化大气环境功能

近年来雾霾天气的频繁、大范围出现，使空气质量状况成为民众和政府部门的关注焦点，大气颗粒物（如 PM_{10}、$PM_{2.5}$、TSP）被认为是造成雾霾天气的罪魁出现在人们的视野中。如何控制大气污染、改善空气质量成为当前科学研究的热点。

森林能有效吸收有害气体和阻滞粉尘，还能释放氧气与萜烯物，从而起到净化大气作用。为此，本研究选取提供负离子、吸收污染物和滞尘 3 个指标反映森林净化大气环境能力，由于降低噪音指标计算方法尚不成熟，所以本研究中不涉及降低噪音指标。

1. 提供负离子指标

（1）年提供负离子量。林分年提供负离子量计算公式：

$$G_{负离子}=5.256\times10^{15}Q_{负离子}\cdot A\cdot H/L$$

式中：$G_{负离子}$——实测林分年提供负离子个数（个 / 年）；

$Q_{负离子}$——实测林分负离子浓度（个 / 立方厘米）；

H——林分高度（米）；

L——负离子寿命（分钟）；

A——林分面积（公顷）。

（2）年提供负离子价值。国内外研究证明，当空气中负离子达到 600 个 / 立方厘米以上时，才能有益人体健康，所以林分年提供负离子价值采用如下公式计算：

$$U_{负离子}=5.256\times10^{15}A\cdot H\cdot K_{负离子}\cdot t\cdot(Q_{负离子}-600)/L$$

式中：$U_{负离子}$——实测林分年提供负离子价值（元 / 年）；

$K_{负离子}$——负离子生产费用（元 / 个）（见附件七）；

$Q_{负离子}$——实测林分负离子单位体积浓度（个 / 立方厘米）；

L——负离子寿命（分钟）；

H——林分高度（米）；

A——林分面积（公顷）；

t——价格参数换算系数。

2. 吸收污染物指标

二氧化硫、氟化物和氮氧化物是大气污染物的主要物质，因此本报告选取森林吸收二氧化硫、氟化物和氮氧化物 3 个指标核算森林吸收污染物的能力。森林对二氧化硫、氟化物和氮氧化物的吸收，可使用面积－吸收能力法、阈值法、叶干质量估算法等。本报告采用面积－吸收能力法核算森林吸收污染物的总量。

(1) 吸收二氧化硫。主要计算林分年吸收二氧化硫物质量和价值量。

林分年吸收二氧化硫量计算公式：

$$G_{二氧化硫}=Q_{二氧化硫}\cdot A$$

式中：$G_{二氧化硫}$——实测林分年吸收二氧化硫量（吨 / 年）；

$Q_{二氧化硫}$——单位面积实测林分年吸收二氧化硫量［千克 /（公顷 · 年）］；

A——林分面积（公顷）。

林分年吸收二氧化硫价值计算公式如下：

$$U_{二氧化硫}=K_{二氧化硫}\cdot Q_{二氧化硫}\cdot A\cdot t$$

式中：$U_{二氧化硫}$——实测林分年吸收二氧化硫价值（元 / 年）；

$K_{二氧化硫}$——二氧化硫的治理费用（元 / 千克）（见附件七）；

$Q_{二氧化硫}$——单位面积实测林分年吸收二氧化硫量［千克 /（公顷 · 年）］；

A——林分面积（公顷）；

t——价格参数换算系数。

（2）吸收氟化物。主要计算林分年吸收氟化物物质量和价值量。

林分吸收氟化物年量计算公式：

$$G_{氟化物}=Q_{氟化物} \cdot A$$

式中：$G_{氟化物}$——实测林分年吸收氟化物量（吨/年）；

$Q_{氟化物}$——单位面积实测林分年吸收氟化物量［千克/（公顷·年）］；

A——林分面积（公顷）。

林分年吸收氟化物价值计算公式如下：

$$U_{氟}=K_{氟化物} \cdot Q_{氟化物} \cdot A \cdot t$$

式中：$U_{氟}$——实测林分年吸收氟化物价值（元/年）；

$K_{氟化物}$——氟化物治理费用（元/千克）（见附件七）；

$Q_{氟化物}$——单位面积实测林分年吸收氟化物量［千克/（公顷·年）］；

A——林分面积（公顷）；

t——价格参数换算系数。

（3）吸收氮氧化物。主要计算林分年吸收氮氧化物物质量和价值量。

林分氮氧化物年吸收量计算公式：

$$G_{氮氧化物}=Q_{氮氧化物} \cdot A$$

式中：$G_{氮氧化物}$——实测林分年吸收氮氧化物量（吨/年）；

$Q_{氮氧化物}$——单位面积实测林分年吸收氮氧化物量［吨/（公顷·年）］；

A——林分面积（公顷）。

年吸收氮氧化物量价值计算公式如下：

$$U_{氮氧化物}=K_{氮氧化物} \cdot Q_{氮氧化物} \cdot A \cdot t$$

式中：$U_{氮氧化物}$——实测林分年吸收氮氧化物价值（元/年）；

$K_{氮氧化物}$——氮氧化物治理费用（元/千克）（见附件七）；

$Q_{氮氧化物}$——单位面积实测林年吸收氮氧化物量［千克/（公顷·年）］；

A——林分面积（公顷）；

t——价格参数换算系数。

3. 滞尘指标

森林有阻挡、过滤和吸附粉尘的作用，可提高空气质量，因此滞尘功能是森林生态系统重要的服务功能之一。

（1）年滞尘量。林分年滞尘量计算公式为：

$$G_{滞尘}=Q_{滞尘} \cdot A$$

式中：$G_{滞尘}$——实测林分年滞尘量（吨/年）；

$Q_{滞尘}$——单位面积实测林分年滞尘量［千克/（公顷·年）］；

A——林分面积（公顷）。

（2）年滞尘价值。年滞尘价值计算公式如下：

$$U_{滞尘}=K_{滞尘} \cdot Q_{滞尘} \cdot A \cdot t$$

式中：$U_{滞尘}$——实测林分年滞尘价值（元/年）；

$K_{滞尘}$——降尘清理费用（元/千克）（见附件七）；

$Q_{滞尘}$——单位面积实测林分年滞尘量［千克/（公顷·年）］；

A——林分面积（公顷）；

t——价格参数换算系数。

（五）农田防护与防风固沙价值

植被根系能够固定土壤，改善土壤结构，降低土壤的裸露程度；地上部分能够增加地表粗糙程度，降低风速，阻截风沙。地上地下的共同作用能够减弱风的强度和携沙能力，减少土壤流失和风沙的危害。我国的三北防护林工程的主要目的之一便是农田防护和防风固沙。

农田防护功能的价值量计算公式：

$$U_a=K\cdot V_a\cdot m_a\cdot t$$

式中：U_a——实测林分农田防护功能的价值量（元/年）；

K——平均1公顷农田防护林能够实现农田防护面积为19公顷；

V_a——农作物、牧草的价格（元/千克）（见附件七）；

m_a——农作物、牧草平均增产量（千克/年）；

t——价格参数换算系数。

生态认购是国家为了生态环境的持久安全，在生态环境建设中采取国家市场经济体制。该项措施选择生态环境极端脆弱且具有全局意义的地区，每年依据林草的数量和生态质量来付给林草所有者相应的货币。本报告采用生态认购法计算防风固沙功能，计算公式如下：

$$U_f=A_f\cdot K_f\cdot t$$

式中：U_f——森林防风固沙功能的价值量（元/年）；

A_f——实测林分防风固沙林面积（公顷）；

K_f——认治沙漠出资额度［元/（公顷·年)］（见附件七）；

t——价格参数换算系数。

沿海防风林的防护功能估算方法有待进一步研究，本次研究未给出核算结果。

（六）生物多样性保护价值

生物多样性维护了自然界的生态平衡，并为人类的生存提供了良好的环境条件。生物多样性是生态系统不可缺少的组成部分，对生态系统服务的发挥具有十分重要的作用（王兵等，2012）。Shannon-Wiener 指数是反映森林中物种的丰富度和分布均匀程度的经典指标。传统 Shannon-Wiener 指数对生物多样性保护等级的界定不够全面。本次研究增加濒危指数、特有种指数以及古树年龄指数对生物多样性保育价值进行核算。

修正后的生物多样性保护功能核算公式如下：

$$U_{总}=\left(1+0.1\sum_{m=1}^{x}E_{\mathrm{m}}+0.1\sum_{n=1}^{y}B_{\mathrm{n}}+0.1\sum_{r=1}^{z}O_{\mathrm{r}}\right)S_{1}\cdot A\cdot t$$

式中：$U_{总}$——实测林分年生物多样性保护价值（元/年）；

E_{m}——实测林分或区域内物种 m 的濒危指数（表 4-5）；

B_{n}——实测林分或区域内物种 n 的特有种指数（表 4-6）；

O_{r}——实测林分或区域内物种 r 的古树年龄指数（表 4-7）；

x——计算濒危指数物种数量；

y——计算特有种指数物种数量；

z——计算古树年龄指数物种数量；

S_{1}——单位面积物种多样性保护价值量 [元/(公顷·年)]（见附件七）；

A——林分面积（公顷）；

t——价格参数换算系数。

本研究根据 Shannon-Wiener 指数计算生物多样性保护价值，共划

表4–5　物种濒危指数体系

濒危指数	濒危等级	物种种类
4	极危	参见《中国物种红色名录》第一卷：红色名录
3	濒危	
2	易危	
1	近危	

表4–6　特有种指数体系

特有种指数	分布范围
4	仅限于范围不大的山峰或特殊的自然地理环境下分布
3	仅限于某些较大的自然地理环境下分布的类群，如仅分布于较大的海岛（岛屿）、高原、若干个山脉等
2	仅限于某个大陆分布的分类群
1	至少在2个大陆都有分布的分类群
0	世界广布的分类群

资料来源：苏志尧．1999．植物特有现象的量化[J]．华南农业大学学报．

表4–7　古树年龄指数体系

古树年龄	指数等级	来源及依据
100～299年	1	参见全国绿化委员会、国家林业局颁布的《关于开展古树名木普查建档工作的通知》
300～499年	2	
≥500年	3	

分 7 个等级，采用 2005 年价格参数，即：

当指数 <1 时，S_1 为 3000［元/（公顷·年）］；

当 $1 \leqslant$ 指数 < 2 时，S_1 为 5000［元/（公顷·年）］；

当 $2 \leqslant$ 指数 < 3 时，S_1 为 10000［元/（公顷·年）］；

当 $3 \leqslant$ 指数 < 4 时，S_1 为 20000［元/（公顷·年）］；

当 $4 \leqslant$ 指数 < 5 时，S_1 为 30000［元/（公顷·年）］；

当 $5 \leqslant$ 指数 < 6 时，S_1 为 40000［元/（公顷·年）］；

四川卧龙大熊猫（陈建伟　摄影）

朱鹮（赵纳勋　摄影）

当指数≥ 6 时，S_1 为 50000［元 /（公顷 · 年）］。

再通过价格参数换算系数将 2005 年价格参数换算至 2013 年的价格参数。

（七）森林游憩价值

森林游憩是指森林生态系统为人类提供休闲和娱乐场所所产生的价值，包括直接价值和间接价值，采用林业旅游与休闲产值替代法进行核算。

（八）森林生态系统服务总价值核算

中国森林生态服务总价值为上述 7 项生态系统服务价值之和，计算公式为：

$$U_I=\sum_{i=1}^{13} U_i$$

式中：U_I——中国森林生态系统服务年总价值（元 / 年）；

U_i——中国森林生态系统服务各分项年价值（元 / 年）。

第三节　森林生态服务价值量核算方法

一、森林生态服务价值量转换的基本原则

森林生态系统服务功能价值包括物化商品价值和非物化商品价值。对于它的物化商品价值即实物价值，包括林地（有林地、无林地等）价值、林木（木材、薪炭材等）价值、经济林产品（果品等）和药材等林副产品的价值，通常用其市场价格表达。而对于没有现实市场的其他生态服务功能价值即非物化商品价值，包括森林涵养水源、保育土壤、固定二氧化碳、释放氧气、营养物质循环与贮藏、净化大气环境、维持生物多样性等。目前，国内外评价森林生态系统服务功能的非物化商品价值的经济学指标有：直接市场法，包括市场价值法、费用支出法、机会成本法、影子工程法、人力资本法等；揭示偏好与替代市

场法，包括旅行费用法、防护费用法和享乐价格法等；模拟市场价值法，包括条件价值法；碳税法和造林成本法等。这么多方法，怎么能够选择更为合理、准确的价格参数，是今后森林生态系统服务价值核算的关键所在。

等效替代法则和权重当量平衡是森林生态服务价值量转换的两条基本原则。等效替代法则指的是在森林生态服务物质量向价值量转换的过程中，不仅要遵循经济学规律，从市场商品角度出发确定对应替代价格，更多的是要从森林生态服务的机理和产生过程方面着手，所采用的替代市场商品或服务价格能够等效于生态服务的产生方式，得到更为合理的价格参数。在满足等效替代原则的基础上，有某一项森林生态服务的价值会有多个合理的市场商品或服务价格可替代，在这种情况下，替代价格的选择直接关系到森林生态各项服务价值所占比例。不同地区的不同森林类型所提供的生态服务有其相应的特点，权重当量平衡的作用就是在多个适宜的市场价格中做甄别，选择一个更为合理的价格参数，利用它核算出的森林生态各项服务价值能够更准确地反映森林的实际情况。因此，基于等效替代和权重当量平衡两条重要原则，尽快建立生态服务价值化标准体系，用更为相近、合理的标尺去衡量不同森林生态服务价值，促使人们对于森林生态服务价值的共识。

二、价格指数

森林生态系统服务核算中，由物质量计算价值量时，综合考虑所使用价格参数的时效性和官方权威性，部分价格参数可能并非核算年价格参数，此时根据不同年份的价格指数（表 4-8），使用价格参数换算系数将非核算年价格参数逐年换算至核算年 2013 年的价格参数以计算各项功能价值量的现价。

价格参数换算系数计算公式为：

$$t=(1+d_{n+1})(1+d_{n+2})\cdots(1+d_m)$$

式中：t——价格参数换算系数；

d——价格指数（%）；

n——价格参数可获得年份（年）；

m——核算年年份（年）。

本研究中价格指数采用工业行业分工业生产者出厂价格指数［《中国统计年鉴（2003～2013）》］。其中2013年水的净化费用根据水的生产和供应业价格指数进行换算；制造氧气价格根据医药制造业价格指数进行换算；负离子生产费用所使用到的电费价格根据电力、热力的生产和供应业价格指数进行换算；其余未能与工业行业分工业生产者出厂价格指数对应的价格参数根据工业生产者出厂价格指数（即总指数）进行换算。

表4-8 按工业行业分工业生产者出厂价格指数（上年=100）

行业	2013年	2012年	2011年	2010年	2009年	2008年	2007年	2006年	2005年	2004年	2003年
工业生产者出厂价格指数	98.1	98.3	106.0	105.5	94.6	106.9	103.1	103.0	104.9	106.1	102.3
医药制造业	100.6	100.1	102.5	103.2	100.2	103.8	102.1	98.6	101.6	97.8	98.8
电力、热力生产和供应业	100.2	103.7	101.6	102.0	102.4	101.9	102.2	102.8	104.2	102.4	100.9
水的生产和供应业	101.9	102.2	102.8	105.5	103.2	102.9	104.8	106.4	104.0	104.1	105.3

资料来源：中国统计年鉴（2003～2013）。

三、森林生态服务价值量选取

本次核算中森林生态服务价值核算的方法如表4-9所示，除生物多样性保护采用机会成本法和专家调查法估价外，其他森林生态服务价格参数均采用市场商品价格替代法。

（一）持续供水价值

水权交易价格包括制水成本、调水成本、适当利润等。制水成本，本次核算采用水资源费替代。目前，我国各个环节的用水价格都有直接或者间接的不同程度的国家补贴，不能反映出水权的真实价格。当前，宁夏、甘肃、新疆、内蒙古等地实践探索了水权市场交易，成交平均价格与当地三级阶梯水价接近，但其交易前提只是对节约农业用水的水权交易，没有包括储水等成本，应是低于完全意义上的水权市场交易价格。为了谨慎起见，本次核算水价，按照国家规定，采用最高阶梯水价替代水权市场交易价格（P）。根据各省（省会城市）2013年7月的水价（源于“中国水网”），可测算出全国各省份的最高阶梯水价（J）。根据各地水价管理办法，水生产成本一般占水权交易价格的30%～50%，在本研究中建议 β 取其平均值40%。其计算公式如下：

表4-9 森林生态服务价值核算方法

生态服务类别	核算内容	核算方法
涵养水源	调节水量	持续供水价格替代法
	净化水质	净化水质价格替代法
保育土壤	固土	清淤工程替代法
	保肥	化肥价格替代法
固碳释氧	固碳	碳交易价法
	释氧	医用氧价格替代法
农田防护与防风固沙	农田防护	农业减灾增产价值替代法
	防风固沙	生态认购法
净化大气环境	提供负离子	器械成本替代法
	吸收污染物（二氧化硫、氟化物、氮氧化物）	排污费替代法
	滞尘	
森林游憩	森林游憩	林业旅游与休闲产值替代法
生物多样性保护	物种保育	Shannon-Wiener指数法

再根据价格指数（电力、热力的生产和供应业）将2012年电价折算为2013年现价为0.63元/千瓦时。

二氧化硫、氟化物、氮氧化物、重金属及其化合物治理和降尘清理费用采用国家发展改革委等四部委2003年第31号令《排污费征收标准及计算方法》中北京市高硫煤二氧化硫排污费收费标准，为1.20元/千克；氟化物排污费收费标准为0.69元/千克；氮氧化物排污费收费标准为0.63元/千克；一般性粉尘排污费收费标准为0.15元/千克；铅及其化合物排污费收费标准为30.00元/千克；镉及化合物排污费收费标准为20.00元/千克；镍及化合物排污费收费标准为元/千克；锡及化合物排污费收费标准为2.22元/千克。然后再通过工业生产者出厂价格指数将2003年价格折算为2013年的现价。

（六）农田防护与防风固沙价值

森林生态系统防风固沙的价值态认购法，其价格根据《陕甘宁边区生态购买设计与操作途径》（延军平等，2002）中2002年认治沙漠出资额度为5000元/年，通过工业生产者出厂价格指数将2002年生态认购价格折算至2013年的现价得到，即6593.00元/（公顷·年）。农田防护价值核算中所需要的农作物和牧草价格来自于新农业农资网（http://www.xnynews.com/quote/list-297.html）2013年平均价格为2.00元/千克。

（七）森林游憩价值

森林游憩的价值根据《中国林业统计年鉴（2013）》中的统计数据：2013年全国林业旅游与休闲产值（主要包括森林公园、保护区、湿地公园、沙漠旅游等）为4234.99亿元，直接带动其他产业产值为6388.50亿元，直接价值和带动价值合计10623.49亿元。另据《2013中国林业发展报告》中，2013年森林公园接待游客量和创造的旅游产值约占全国森林旅游总规模的80%。据此推算出，2013年全国森林公园旅游收入为 8498.79 亿元。

第四节　森林生态服务物质量核算结果

中国森林生态服务核算分为物质量和价值量两个部分。物质量核算主要是从物质量的角度对生态系统提供的各项服务进行定量核算，其特点是能够比较客观地反映生态系统的生态过程，进而反映生态系统的可持续性。本节将从物质量角度核算第八次全国森林资源清查（2009 ~ 2013 年）期间，全国森林生态服务的物质量。

一、森林生态服务总物质量

第八次全国森林资源清查（2009 ~ 2013 年）期间，全国森林生态服务物质量如表 4-10 所示。各分项中，涵养水源量为 5807.09 亿立方米 / 年，而我国三峡水利工程水库蓄水深度达 175 米时，库容为 393 亿立方米（设计库容），全国森林生态系统涵养水源量相当于近 15 个三峡水库的库容；年固土量 81.91 亿吨 / 年，相当于我国 11 大河流（长江、黄河、海河、淮河、珠江、松花江、辽河、钱塘江、塔里木河、黑河和闽江）2011 年土壤侵蚀总量的 11 倍（2011 年中国水土保持公报）；年保肥量 43004.17 万吨 / 年，相当于我国 2013 年农业总施肥量的 7.3 倍（国家统计局，2013）。

森林生态系统是地球陆地生态系统的主体，是陆地碳的主要储存库。森林对现在及未来气候变化和碳平衡都具有重要影响。全国森林生态系统每年固碳 4.02 亿吨（相当于 14.74 亿吨二氧化碳），而我国 2013 年标准煤消耗量为 36.20 亿吨（国家统计局，2013）。

森林每年能够释放氧气 9.51 亿吨 / 年，理论上可供 34.74 亿人呼吸一年。提供负离子 2.03×10^{27} 个，吸收二氧化硫 345.94 亿千克，吸

表4-10 中国森林生态服务物质量

类别	指 标	物质量	类别	指 标		物质量
涵养水源	调节水量 净化水质	5807.09亿立方米	固碳释氧	固碳	地上	3.55亿吨
					地下	0.47亿吨
				释氧		9.51亿吨
保育土壤	固土	81.91亿吨	净化大气环境	提供负离子		2.03×10^{27}个
	减少氮损失	1525.88万吨		吸收二氧化硫		345.94亿千克
	减少磷损失	818.52万吨		吸收氟化物		12.75亿千克
	减少钾损失	13259.77万吨		吸收氮氧化物		17.87亿千克
	减少有机质损失	2.74亿吨		滞尘		58450.44亿千克

收氟化物 12.75 亿千克，吸收氮氧化物 17.87 亿千克，滞尘 58450.44 亿千克。据统计，我国 2011 年废气污染物排放中，粉尘排放量为 127.88 亿千克，二氧化硫排放量为 221.79 亿千克，氮氧化物排放量为 240.43 亿千克（国家统计局，2012）。据此推算，全国森林生态系统总滞尘量相当于我国 2011 年粉尘排放量的 457 倍，吸附二氧化硫量是我国 2011 年二氧化硫排放量的 1.56 倍，吸收氮氧化物量占我国 2011 年氮氧化物排放量的 7.00%。

二、森林生态服务物质量分布格局

《国民经济和社会发展第十一个五年规划纲要》将我国区域发展格局划分为西部大开发地区（简称西部地区，下同）、东部地区、中部地区和东部地区。其中，东部地区包括北京、天津、河北、上海、江苏、浙江、福建、山东、广东、海南 10 个省（直辖市），土地面积约占国土面积的十分之一，森林面积为 3429 万公顷，占全国森林总面积的 14.99%，森林覆盖率为 37.66%。中部地区包括山西、安徽、江西、河南、湖北、湖南 6 个省，土地面积约占国土面积的十分之一，森林面积为

3750 万公顷，占全国森林总面积的 16.39%，森林覆盖率 36.53%。西部地区包括重庆、四川、贵州、云南、西藏、陕西、甘肃、青海、宁夏、新疆、内蒙古、广西 12 个省（自治区、直辖市），土地面积约占国土面积的十分之七，森林面积为 12417 万公顷，占全国森林总面积的 54.27%，森林覆盖率 18.13%。东北地区包括辽宁、吉林、黑龙江 3 个省，土地面积约占国土面积的十分之一，森林面积为 3283 万公顷，占全国森林总面积的 14.35%，森林覆盖率 41.59%。四个经济区各项森林生态服务物质量如表 4-11 所示。

1. 涵养水源功能

森林涵养水源功能与降水量、蒸散量和快速径流量有关。总体上，西部地区涵养水源物质量较高，东北地区较低，这主要与西部地区占有我国一半以上森林资源面积有关。从省际分布来看（图 4-4），我国

表4-11　中国森林生态服务各经济区物质量

区　域	涵养水源（亿立方米/年）	保育土壤（万吨/年）				
		固土	氮	磷	钾	有机质
东部地区	1067.36	105278.94	236.47	95.60	1973.30	3324.83
中部地区	1230.32	101450.34	229.04	65.52	1537.38	3185.84
西部地区	2852.18	483996.48	710.17	470.83	7565.14	15249.64
东北地区	657.22	128376.31	350.21	186.58	2183.95	5655.89

区　域	固碳释氧（万吨/年）		净化大气环境				
	固碳	释氧	提供负离子（$\times 10^{22}$个）	吸收二氧化硫（万千克/年）	吸收氟化物（万千克/年）	吸收氮氧化物（万千克/年）	滞尘（亿千克/年）
东部地区	6436.00	15524.50	32787.53	543832.30	22928.83	28142.3	10412.63
中部地区	5108.94	12035.45	38079.44	578586.00	13230.11	26706.41	8739.95
西部地区	21936.15	51131.69	98834.86	2009324.00	66898.68	92772.24	31360.14
东北地区	6791.19	16451.26	32957.37	327714.50	24421.29	31048.07	7937.72

华南（福建省、广东省）、西南（云南省、广西壮族自治区）和华东地区（江西省、浙江省）年降雨量大，蒸发慢，所以这些地区涵养水源功能物质量较高；而西部地区如新疆、青海等省（自治区、直辖市）森林覆盖率较低，年降雨量少，蒸发量大，因此这些地区涵养水源功能物质量较低。另外，尽管贵州省位于我国西南地区，该地区森林覆盖率大，但第八次全国森林资源清查期间，贵州省干旱事件频发，影响森林涵养水源功能的发挥。

2. 保育土壤功能

森林生态服务保育土壤功能物质量中，西部地区较高，中部和东部地区较低，省际森林生态系统固土功能物质量空间分布如图 4-5 所示。森林生态系统固土量不仅受无林地侵蚀模数和林地侵蚀模数的影响，还与土壤类型有关。抗侵蚀能力强的地区土壤不易受侵蚀。长江流域的湖北省、湖南省、江西省土壤类型为红壤、水稻土、黄棕壤，黏粒较多，渗透性差，森林固土量较低；而西藏自治区、河南省、四

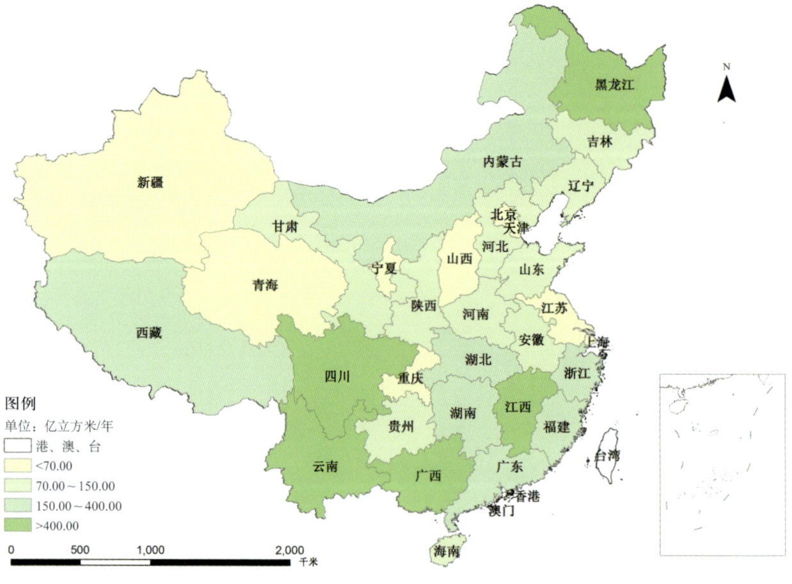

图4-4　森林生态系统涵养水源功能物质量空间分布

（资料来源：国家林业局．2014．退耕还林工程生态效益监测国家报告（2013）．以下地图同）

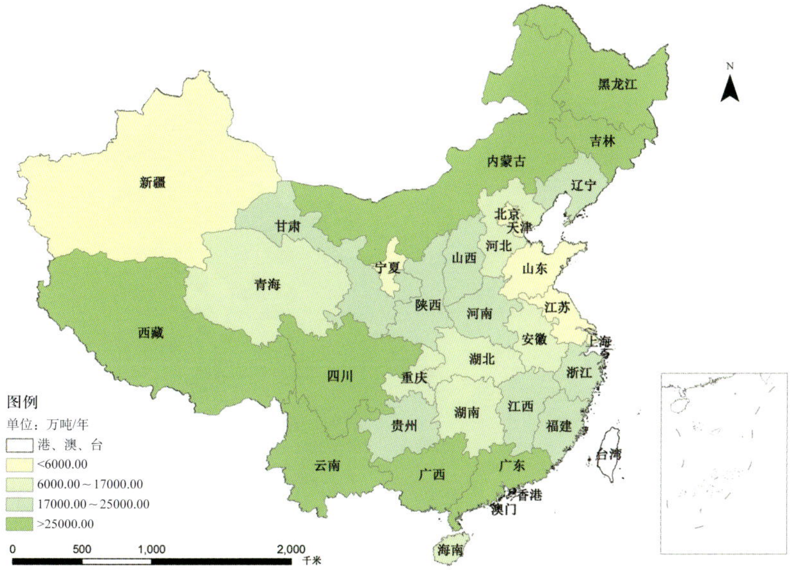

图4–5　森林生态系统固土功能物质量空间分布

川省主要土壤类型为含钙土、潮土、黑毡土，易受侵蚀，森林固土量较高。

土壤保肥能力与气候、生物、母质、地形、林龄以及人为干扰有关，不同地区土壤营养元素含量差异较大。我国森林生态系统保氮、保磷、保钾和保有机质功能物质量空间分布分别如图 4-6 至图 4-9 所示，一般情况下，森林资源较高的地区，其相应保肥效益也较高。

3. 固碳释氧功能

我国森林生态系统固碳功能物质量空间分布如图 4-10 所示，森林生态系统固碳功能呈现南北高、中间低的分布格局，这主要归结于不同地区土壤状况和林分生长速度的差异，另外不同地区森林固碳功能的差异也与森林结构、森林郁闭度有关。此外，一些地区较高比例的人工林面积和大量速生树种（杨树、杉木、桉树等）的种植，显著提升该地区森林的固碳效益。全国森林生态系统释氧生态效益空间分布如图 4-11 所示，由于森林固定二氧化碳和释放氧气之间的特定关系，

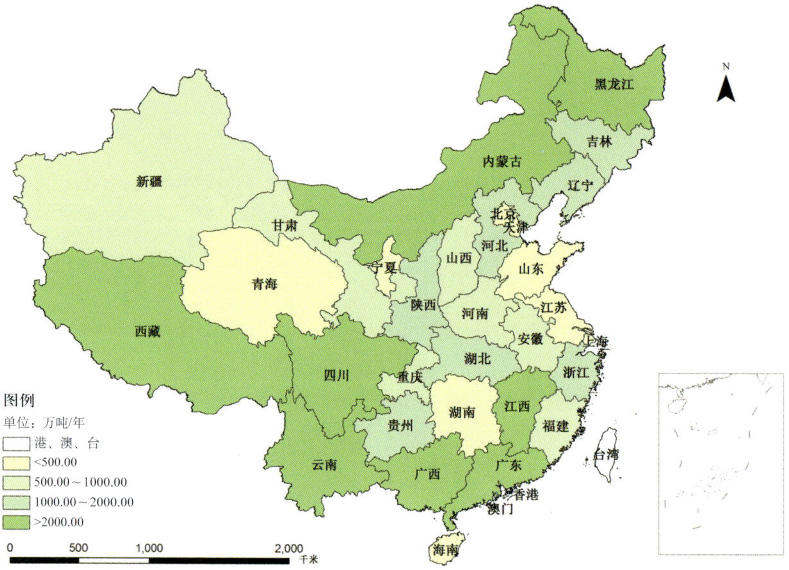

图4-10　森林生态系统固碳功能物质量空间分布

其生态效益分布特征与固碳相似，也呈现出全国森林生态系统释氧功能南北高、中间低的分布格局。

4. 净化大气环境功能

森林生态系统能够吸收、阻滤和分解空气中的二氧化硫、氮氧化物、氟化物、粉尘等有害物质，提供负离子和萜烯类物质（如芬多精）等，有效净化空气，改善大气环境，其功能主要体现在提供负离子、吸收污染物和滞尘三方面，我国森林生态系统净化大气环境物质量空间分布如图 4-12 至图 4-14 所示。

森林生态系统提供负离子量除了与其资源面积和森林质量密切相关外，还与树种有关，如冷杉、樟子松、红松等针叶树种以及竹林提供负离子数量较多，因此，此类树种分布广的地区，其提供负离子的能力就越强。吸收污染物方面，森林生态服务效益的发挥，亦与林分类型关

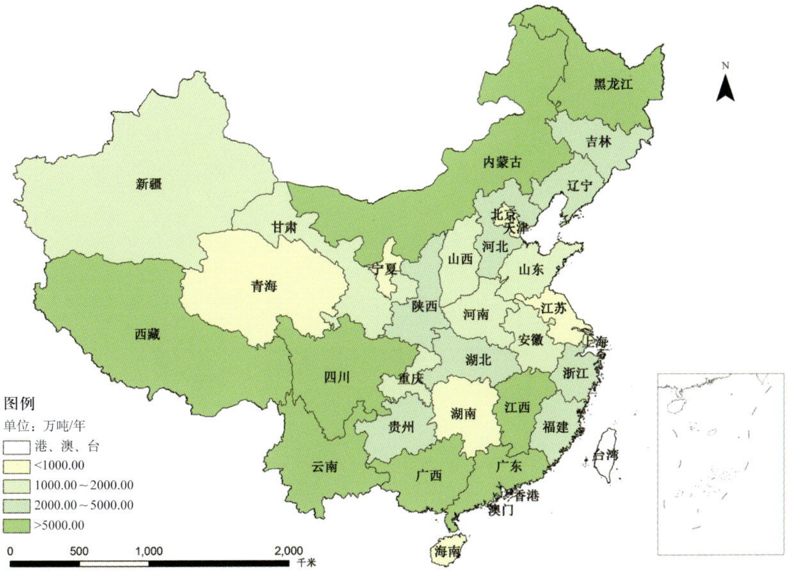

图4-11 森林生态系统释氧功能物质量空间分布

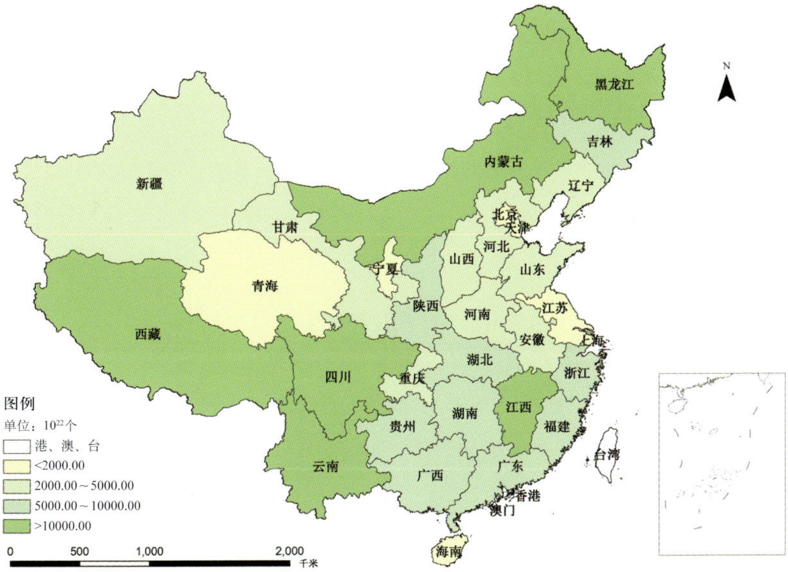

图4-12 森林生态系统提供负离子量空间分布

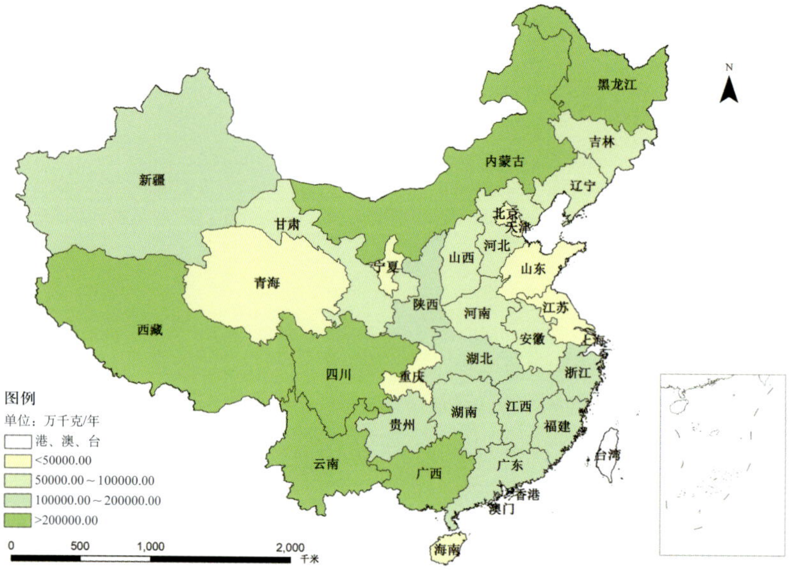

图4-13　森林生态系统吸收污染物物质量空间分布

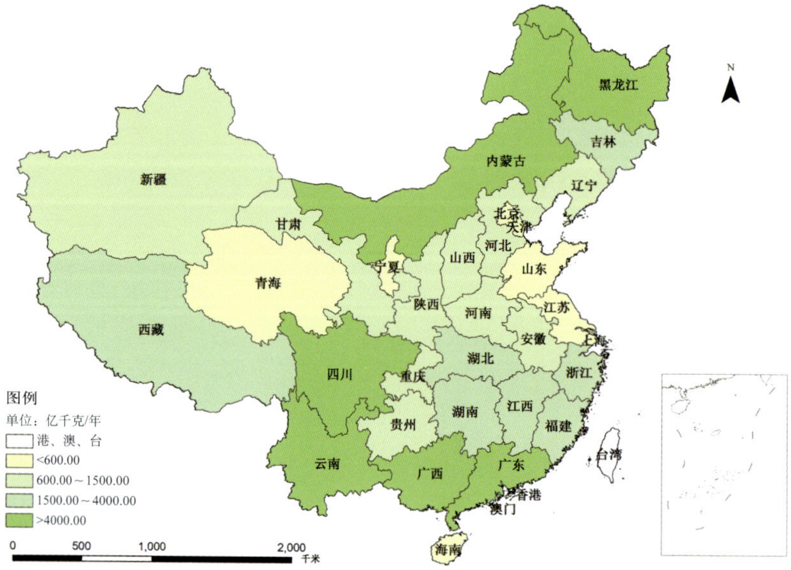

图4-14　森林生态系统滞尘功能物质量空间分布

系密切。根据《中国生物多样性国情研究报告》，阔叶树对二氧化硫的年吸收能力为 88.65 千克 / 公顷，氟化物年吸收能力为 4.65 千克 / 公顷，氮氧化物年吸收能力为 6.00 千克 / 公顷，年滞尘 10.11 千克 / 公顷；针叶林、杉类、松林对二氧化硫的年吸收能力为 215.60 千克 / 公顷；氟化物年吸收能力为 0.50 千克 / 公顷，氮氧化物年吸收能力为 6.00 千克 / 公顷；年滞尘 33.20 千克 / 公顷。这种特性，也决定了我国森林生态服务吸收污染物的空间分布特征。

森林的存在，能够增加地表覆盖度，形成乔灌草本植被立体体系可以很好地拦挡沙尘，使其降落到地面，下垫面环境的改变又可以防止扬尘，而且乔灌层、草本层叶皮表面还可以吸收部分沙尘，起到阻滞降尘的作用。从我国森林生态系统滞尘生态效益分布来看，东北地区、西部地区相对优于其他地区省份。

总体来说，我国森林生态系统各项服务的物质量呈现东南部地区高、西北部地区低的趋势，这与我国森林资源分布变化、温度梯度变化和水分梯度变化规律基本一致。

第五节 森林生态服务价值量核算结果

价值量核算是指从货币价值量的角度对生态系统提供的服务进行定量核算。由于价值量核算结果都是货币值，可以将不同生态系统的同一项生态系统服务进行比较，也可以将森林生态系统的各单项服务综合起来（张永利等，2010），使得价值量更直观。本节将从价值量角度分析第八次全国森林资源清查（2009 ~ 2013 年）期间，全国森林生态服务的价值量。

表4-13　中国森林生态服务各经济区价值量

单位：亿元/年

区　域	涵养水源	保育土壤	固碳释氧	净化大气环境	生物多样性保护	森林防护	森林游憩	总价值
东部地区	5849.15	2687.84	1751.14	2083.55	8200.93	57.38	2408.98	23038.97
中部地区	6742.17	2388.96	1358.14	1773.49	8623.54	34.88	4008.24	24929.43
西部地区	15629.95	11056.60	5771.10	6335.23	21411.82	321.54	1695.00	62221.25
东北地区	3601.58	3903.45	1855.52	1581.30	5110.75	135.01	386.57	16574.18
合　计	31822.85	20036.85	10735.90	11773.57	43347.04	548.81	8498.79	126763.84

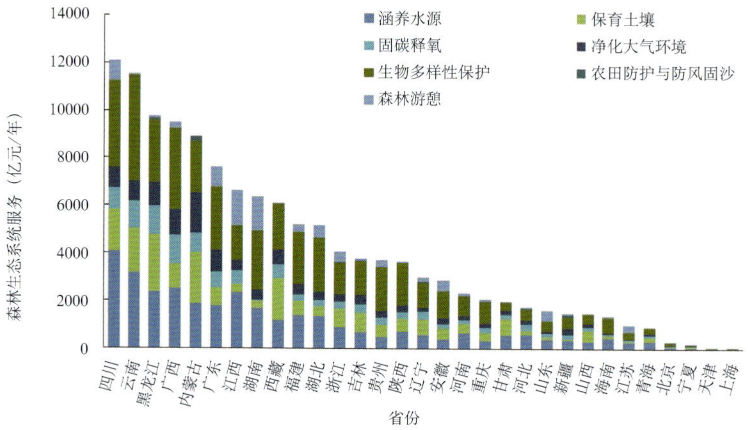

图4-17　全国森林生态服务各分项价值量

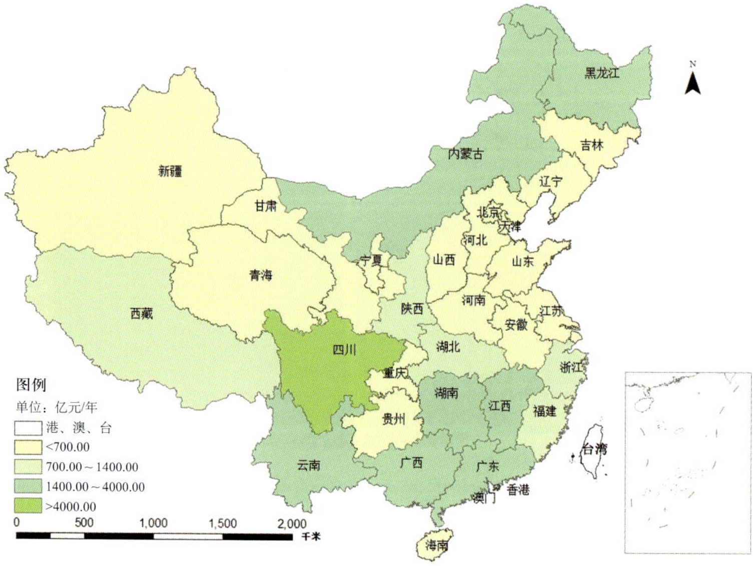

图4-18　森林生态系统涵养水源价值量空间分布

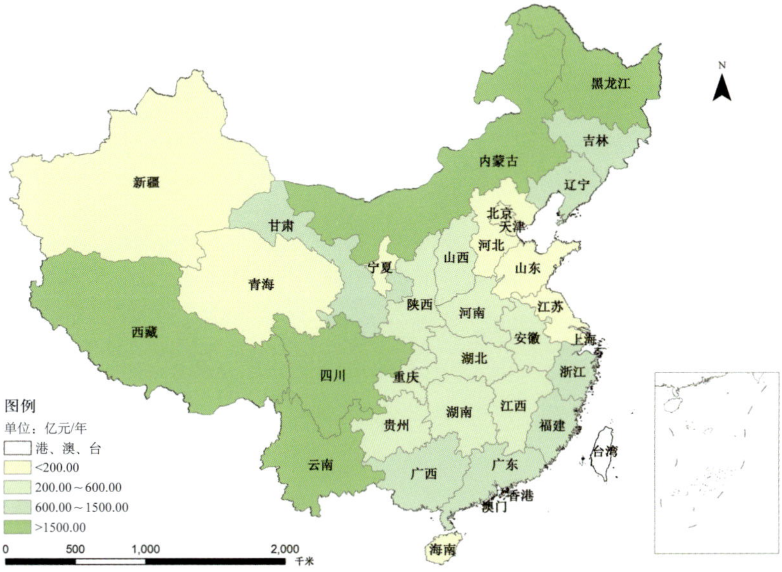

图4-19　森林生态系统保育土壤价值量空间分布

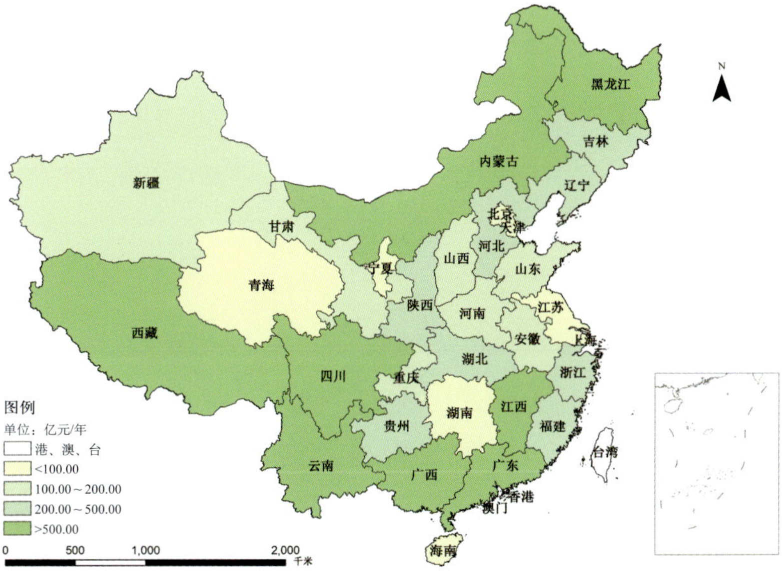

图4-20　森林生态系统固碳释氧价值量空间分布

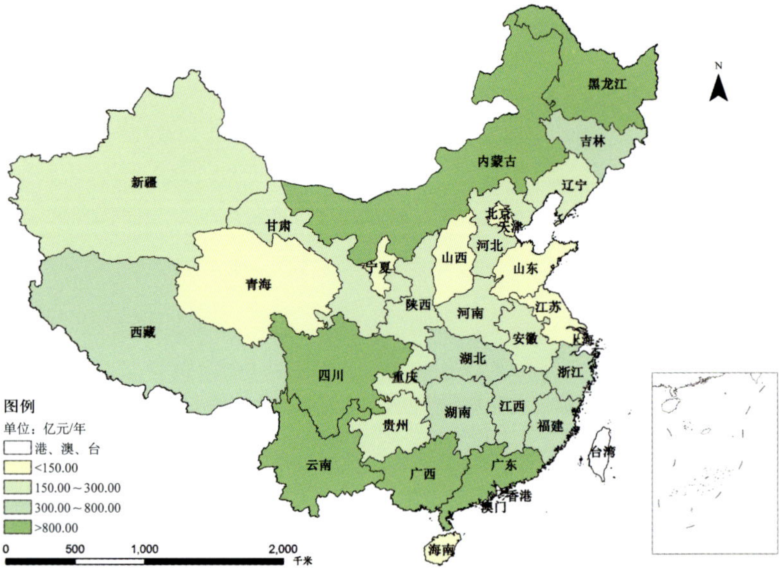

图4-21 森林生态系统净化大气环境价值量空间分布

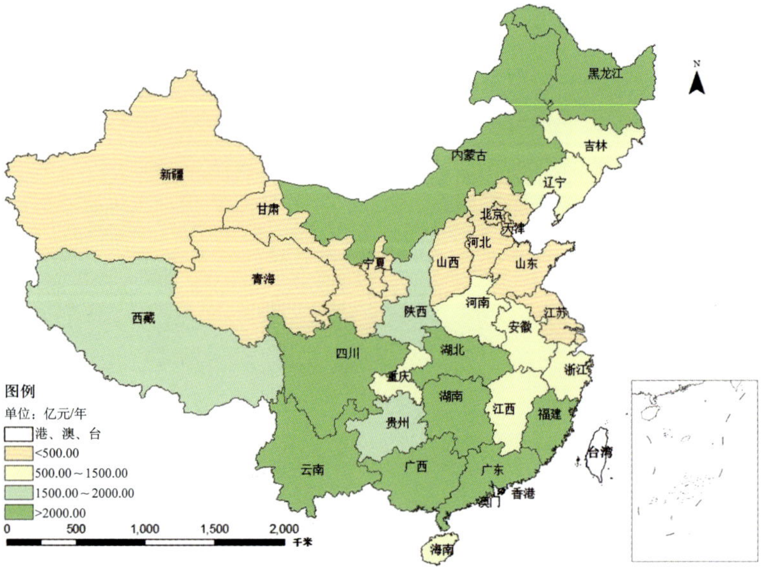

图4-22 森林生态系统生物多样性保护价值量空间分布

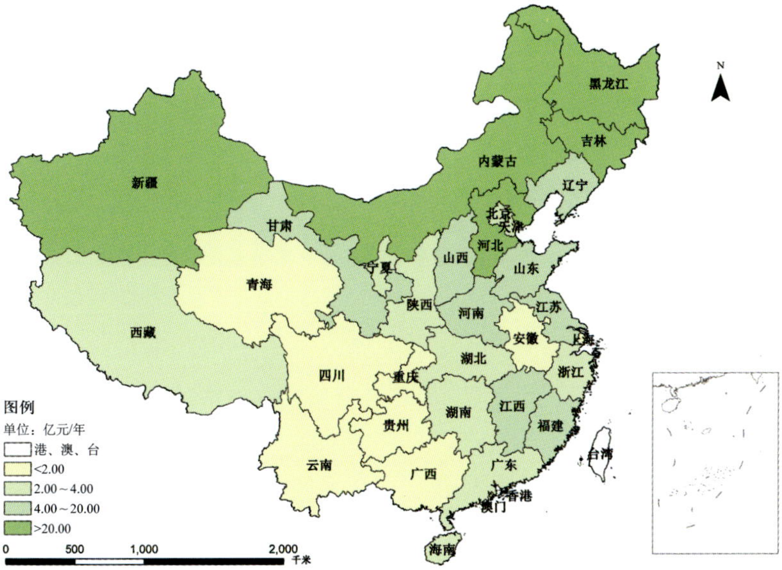

图4-23　森林生态系统农田防护与防风固沙价值量空间分布

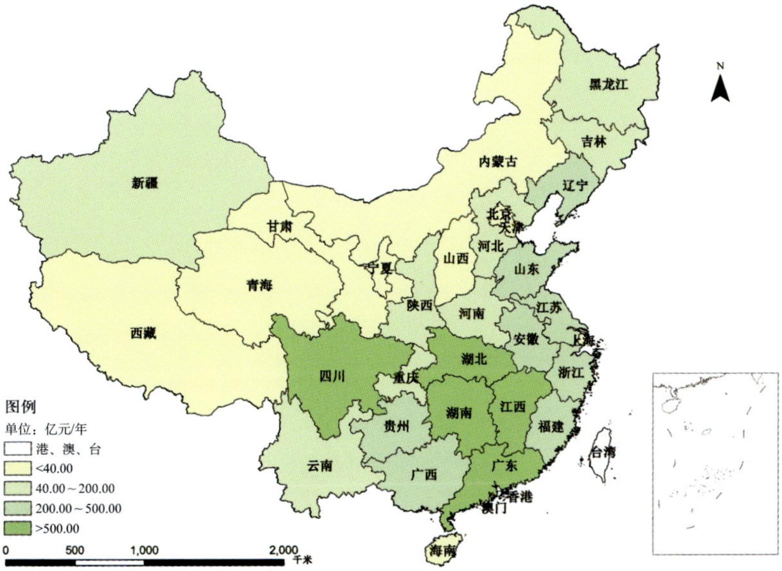

图4-24　森林生态系统森林游憩价值量空间分布

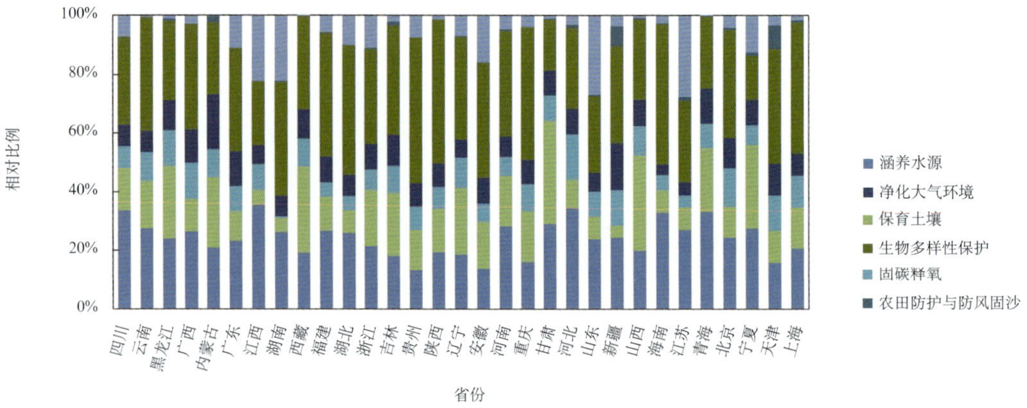

图4-25　森林生态服务各分项价值量相对比例

第六节　森林生态服务核算主要结论

一、森林生态服务动态变化

（一）森林生态服务物质量变动分析

第八次森林资源清查（2009 ~ 2013 年）期间（以下简称“第八次清查”）与第六次森林资源清查（1999 ~ 2003 年）期间（以下简称“第六次清查”）、第七次森林资源清查（2004 ~ 2008 年）期间（以下简称“第七次清查”）相比，全国森林生态服务各指标都有较大幅度增长。

第八次清查时涵养水源物质量较第六次清查和第七次清查分别增加了 30.27% 和 17.37%。提供负离子物质量较第六次清查和第七次清查分别增加了 31.82% 和 20.83%（图 4-26）。

固土功能物质量由第六次清查时的 64.36 亿吨 / 年增加到第八次清查时的 81.91 亿吨 / 年，第八次清查时固土功能物质量分别比第六次清查和第七次清查增加了 27.27% 和 16.43%；固碳功能物质量分别比第六次清查和第七次清查增加了 26.02% 和 11.98%（图 4-27）。

第八次清查时吸收二氧化硫物质量分别比第六次清查和第七次

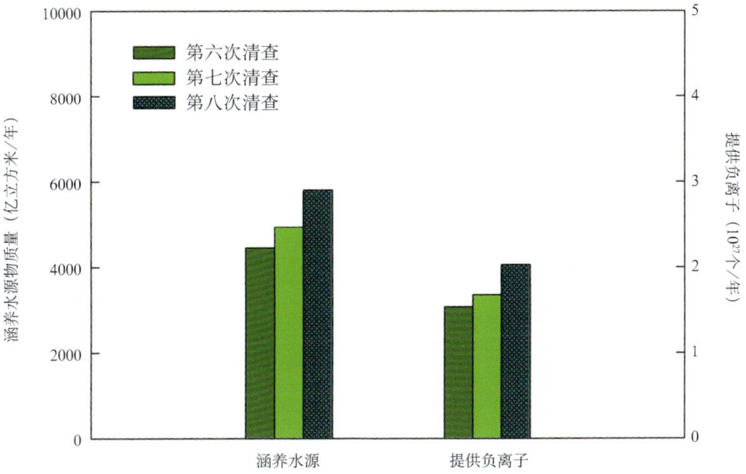

图4-26　涵养水源和提供负离子功能物质量动态变化

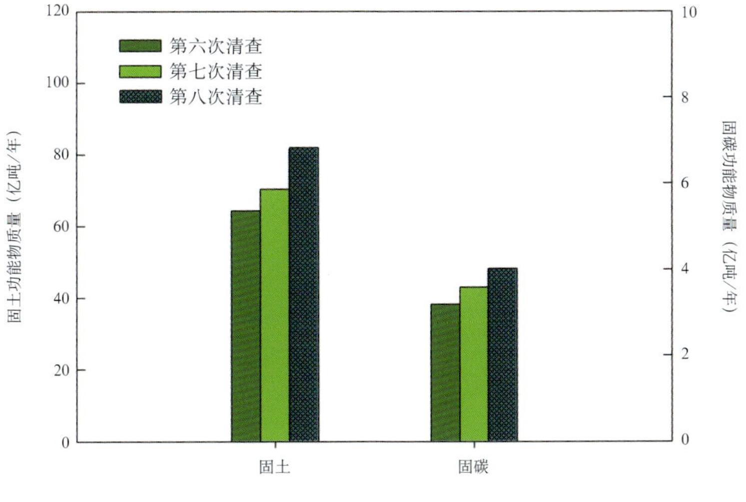

图4-27　固土功能和固碳功能物质量动态变化

清查增加了23.52%和16.30%，吸收氟化物分别增加了25.99%和17.95%，吸收氮氧化物分别增加了29.31%和18.11%，滞尘量分别增加了23.74%和16.87%（图4-28）。

我国森林生态服务涵养水源物质量省际动态变化如图4-29所示。

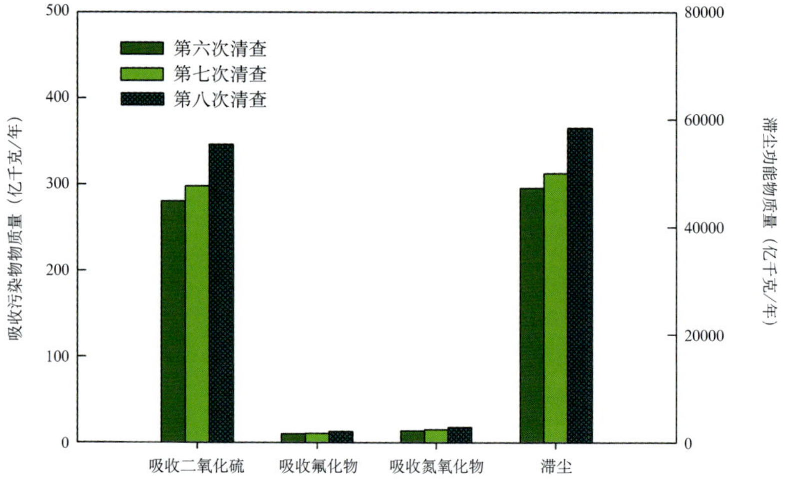

图4-28 吸收污染物和滞尘功能物质量动态变化

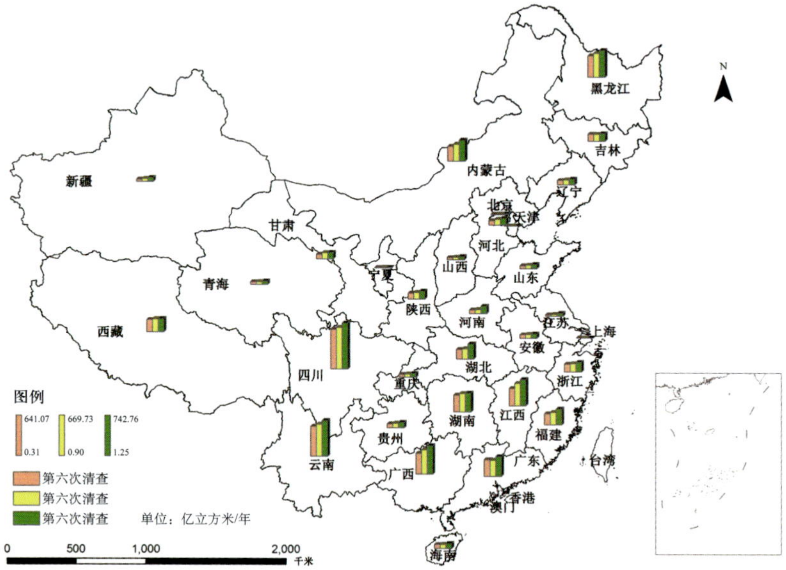

图4-29 森林生态服务涵养水源功能物质量动态变化

第八次清查与第六次清查、第七次清查相比，上海市、江苏省涵养水源物质量增长幅度最大，这与两个地区森林面积和森林蓄积增长较快有关。其中上海市第八次清查时森林覆盖率为 10.74%，分别比第六次清查（3.17%）和第七次清查（9.41%）提高了 7.57% 和 1.33%；森林面积（6.81 万公顷）比第六次清查时（1.89 万公顷）和第七次清查时（5.97 万公顷）分别提高了 2.60 倍和 14.07%（图 4-30）；森林蓄积（186.35 万立方米）比第六次清查时（33.24 万公顷）和第七次清查时（100.95 万公顷）提高了 4.60 倍和 84.60%（图 4-31）。

江苏省第八次清查时森林覆盖率为 15.80%，分别比第六次清查（7.54%）和第七次清查（10.48%）提高了 8.26% 和 5.32%；森林面积（162.10 万公顷）比第六次清查时（77.41 万公顷）和第七次清查时（107.51 万公顷）分别提高了 1.09 倍和 50.78%；森林蓄积（6470.00 万立方米）比第六次清查时（2285.27 万公顷）和第七次清查时（3501.75 万公顷）分别提高了 1.83 倍和 84.76%。

第八次清查与第六次清查、第七次清查相比，上海市、山东省、

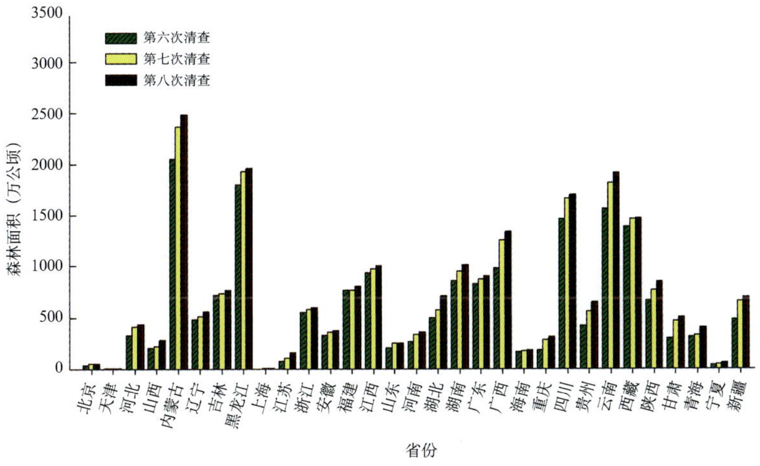

图4-30 三次全国森林资源清查期间全国森林面积动态变化

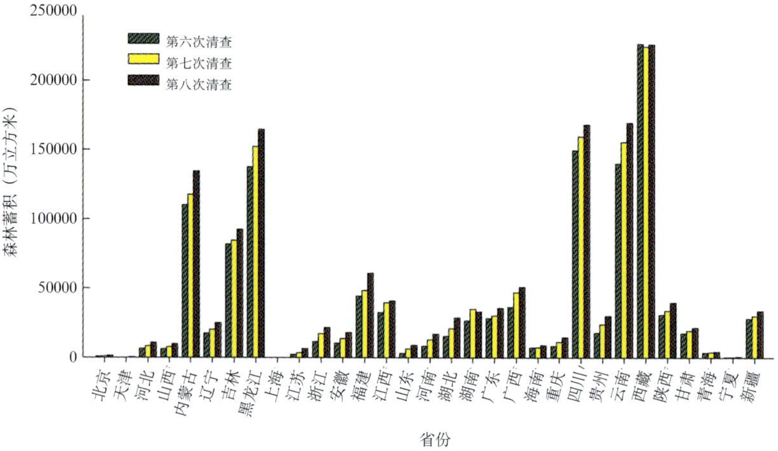

图4–31　三次全国森林资源清查期间全国森林蓄积动态变化

河南省、江苏省固土物质量增长幅度最大，其中上海市第八次清查时固土物质量比第六次清查增加了 5.22 倍，其他三省第八次清查固土物质量比第六次清查均增加了 1 倍（图 4-32）。

第八次清查与第六次清查、第七次清查相比，上海市、山东省、河南省保肥功能物质量增长幅度最大（图 4-33）。其中上海市第八次清查时保肥物质量比第六次清查增加了 5.39 倍，山东省、河南省第八次清查保肥物质量比第六次清查分别增加了 1.69 倍和 1.28 倍。

第八次清查与第六次清查、第七次清查相比，江苏省、上海市、河南省固碳功能物质量增长幅度最大（图 4-34）。其中江苏省第八次清查时固碳功能物质量比第六次清查增加了 6.46 倍；上海市、河南省第八次清查时固碳功能物质量分别比第六次清查增加了 3.34 倍和 3.00 倍。

第八次清查与第六次清查、第七次清查相比，上海市释氧功能物质量增长幅度最大（图 4-35）。上海市第八次清查时释氧功能物质量比第六次清查核算增加了 2.92 倍。

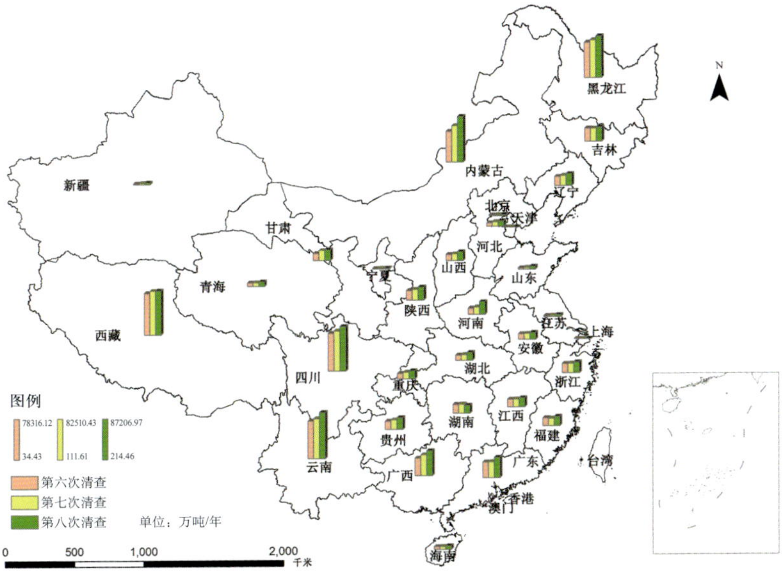

图4-32　森林生态服务固土功能物质量动态变化

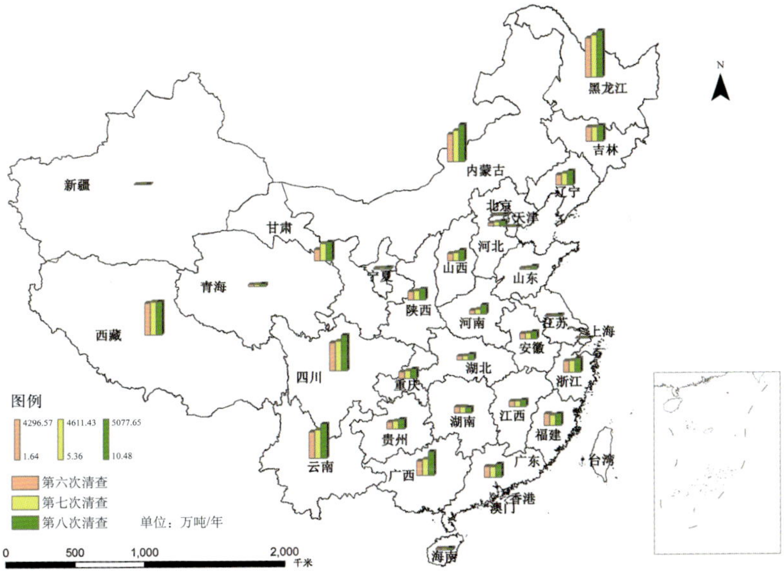

图4-33　森林生态服务保肥功能物质量动态变化

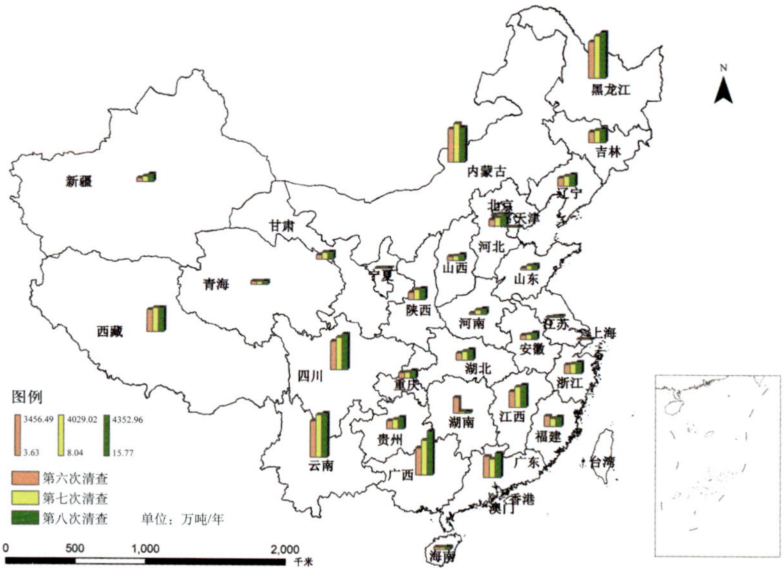

图4-34 森林生态服务固碳功能物质量动态变化

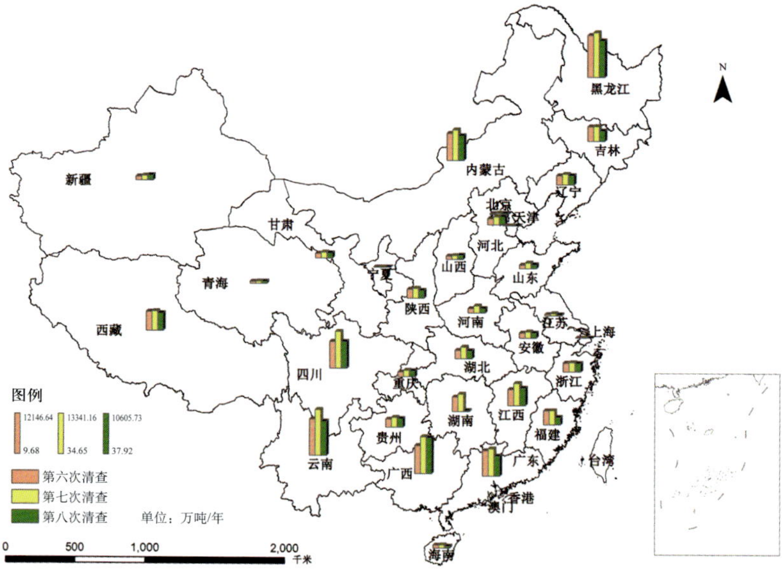

图4-35 森林生态服务释氧功能物质量动态变化

第八次清查与第六次清查、第七次清查相比，上海市、河南省森林提供负离子功能物质量增长幅度最大（图 4-36）。

第八次清查与第六次清查、第七次清查相比，上海市、河南省吸收污染物功能和滞尘功能物质量增长幅度最大（图 4-37，图 4-38）。其中河南省第八次清查时森林面积（359.07 万公顷）比第六次清查时（270.30 万公顷）和第七次清查时（336.59 万公顷）提高了 32.84% 和 6.68%。

（二）森林生态服务价值量变动分析

第八次森林资源清查与第七次森林资源清查相比，全国森林生态服务总价值量增加了 2.67 万亿元，增长 26.67%，生态服务各分项价值及所占比例如表 4-14 所示。

与第七次森林资源清查核算结果相比，第八次森林资源清查期

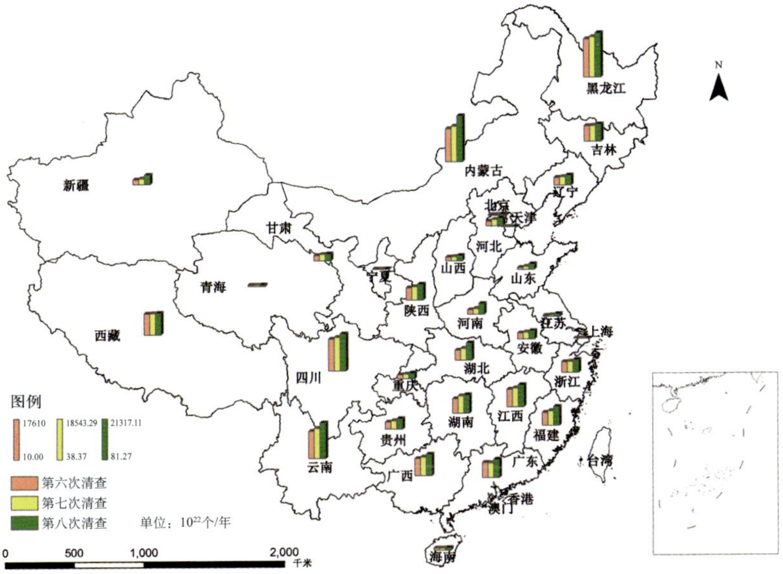

图4-36　森林生态服务提供负离子功能物质量动态变化

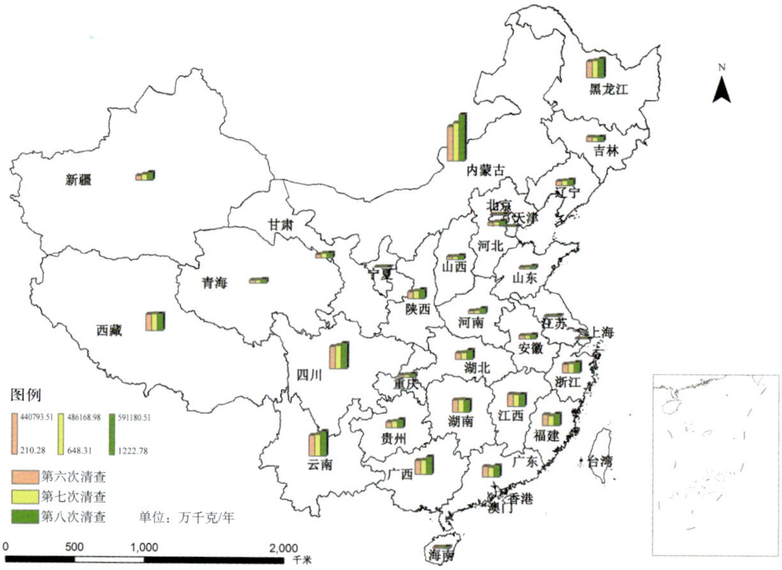

图4−37　森林生态服务吸收污染物功能物质量动态变化

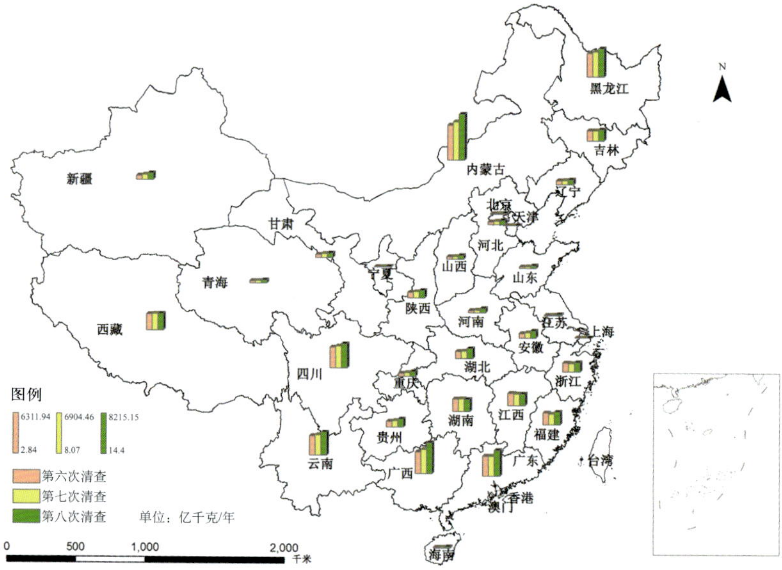

图4−38　森林生态服务滞尘功能物质量动态变化

表4-14 我国森林生态服务总价值量动态变化表

单位：亿元/年，%

功能类别	第七次清查	比 例	第八次清查	比 例
涵养水源	40574.30	40.52	31822.85	25.10
保育土壤	9920.57	9.91	20036.85	15.81
固碳释氧	15593.55	15.57	10735.90	8.47
林木积累营养物质	2077.06	2.07	—	—
净化大气环境	7931.90	7.92	11773.57	9.29
生物多样性保护	24050.23	24.01	43347.04	34.20
农田防护与防风固沙	—	—	548.81	0.43
森林游憩	—	—	8498.79	6.70
总计	100147.61	100.00	126763.81	100.00

间，涵养水源价值量减少了21.57%，保育土壤的价值量翻了一倍，净化大气环境的价值量增加了4.43%，生物多样性保护的价值量增加80.24%。农田防护与防风固沙、森林游憩服务价值是本次核算新增项，比例虽小，但在所在区域发挥的效益也非常显著。

森林生态服务价值量除了与其物质量相关外，价格因素的变动和价格参数的选取对其有较大影响。5年来，随着国家经济社会的发展，森林生态服务核算指标所涉及的价格变化较大，因此相对于物质量的变化，价值量的变化更为明显，核算结果直观地反映了森林生态价值与社会价值的紧密联系。例如受价格等因素影响，固碳释氧价值比第七次资源清查时下降了近20倍（第七次森林资源清查时固碳价格采用瑞典的碳税率150美元/吨，本研究采用全球目前主要碳交易市场价格7.80美元/吨），因此使得第八次森林资源清查固碳释氧价值量低于第七次。而全球生态环境的持续恶化以及人们对生物多样性保护重要性认识的加深，物种保育的价值近年来也在迅速增加。此外，在第八次核算过程中，经过生态学、经济学、统计学等领域多位专家学者数次讨论，认为在涵养水源价值量核算中采用水资源市场交易价格和污水处理成本价格相比于第七次核算中采用水库库容造价更为贴合实际，因此在价格参数方面有较大幅度的降低，从而导致了两次核算中涵养水源价值量比例的差异。

二、主要结论

森林生态服务核算结果，全面科学地量化了森林资源和生态服务的经济价值。根据此次森林生态系统服务核算，全国森林生态服务总价值量为 12.68 万亿元 / 年，其中生物多样性保护功能价值量最大，其占总价值量的比例达 34.20%；涵养水源价值次之，占 25.10%。

第六次到第八次全国森林资源清查期间，我国森林资源呈现数量不断增长、质量不断提高、森林生态服务持续增长的态势。这些既得益于近年来国家实施的一系列林业发展战略措施和惠林政策，特别是实施天然林资源保护、退耕还林等林业重点工程建设，也得益于集体林权制度改革等一系列重大改革实践。

一是森林生态服务物质量不断增加。第八次全国森林资源清查期间，全国森林生态系统每年涵养水源量达 5807.09 亿立方米，相当于近 15 个三峡水库的设计库容，比第七次全国森林资源清查期间增加了 17.37%；年固土量为 81.91 亿吨，相当于我国 11 条主要河流 2011 年土壤侵蚀总量的 11 倍，比第七次清查期间增加了 16.43%；年保肥量为 4.3 亿吨，相当于我国 2013 年农业总施肥量的 7.5 倍；年固碳总量为 4.02 亿吨（相当于 14.74 亿吨二氧化碳），比第七次清查期间增加了 11.98%，按每人每年 7 吨的二氧化碳排放水平计算，森林的固碳量可抵消 2 亿多人每年的二氧化碳排放量。从服务受益区域看，森林不仅为当地经济社会发展服务，也对下游经济发展乃至全球可持续发展发挥着重要作用；从受益群体看，森林不仅为当地人民提供生态服务，同时也惠及周边地区乃至全人类。

二是森林生态服务价值量凸显，总价值量明显增长。在以生态建设为主的林业发展战略主导下，林业重点生态工程深入推进，天然林资源得到休养生息，人工造林面积不断增加，以促进生态服务为主的防护林、特用林等生态资产稳步增长，价值迅速增加。全国森林生态系统每年提供的生态服务价值达 12.68 万亿元，相当于 2013 年 GDP（56.88 万亿元）的 22.3%，是当年全国林业产业总产值（4.73 万亿元）的 2.68 倍。5 年来，全国森林生态服务总价质量增加了 2.67 万亿元，增长了 26.7%。这表明，随着我国生态建设与环境保护力度的不断加大，森林资源总量不断增加，质量不断提升，森林生态服务进一步增强，在改善生态环境、防灾减灾、提升人居生活质量方面产生了显著的正能量。从受益范围看，森林不仅为当地人民提供了多种生态服务，也对下游及周边区域经济社会可持续发展发挥着重要作用。同时，森林的固碳和减缓气候变化、保护生物多样性等生态服务，还产生了巨大的全球环境效益。

开展森林生态服务核算，是一项具有探索性、前瞻性工作，需要在理论和实践上有重要的突破。但是，森林生态服务的核算过程复杂，需要多个学科，长时间综合而深入研究。现有的森林生态服务各项指标是在满足代表性、全面性、简明性、可操作性以及适应性等原则的基础上，结合近年来的最新研究成果所确立，但并未完全涵盖森林生态系统的所有服务内容。森林防护不仅仅体现在农田防护和防风固沙方面，沿海防护林对沿海地区的农业、房屋、道路、动物栖息地等具有重要的保护作用，而且能够消纳污染物；森林除能够净化大气环境外，还能够改变环境小气候、降低噪音、吸滞雾霾等。森林的这些功能都是我们实实在在能够感受得到的服务，但限制于目前的评估手段，还无法对这些服务进行核算。

森林生态服务价值量核算当中，需要使用到相关替代工业产品的价格，这些价格是核算当年的现价。而往往一些替代工业产品的现价无法获得或是所获得的价格并非国家权威部门所公布而无法使用，因此需要采用价格指数进行折算。通过折算后的工业产品的价格与社会实际价格往往有一定的差异，对最终的核算结果有一定的影响，且我国不同地区同一工业产品价格差异较大，因此，如何获取更准确的工业产品现价以及避免地区价格差异是今后森林生态服务核算的重要研究方向。

此外，森林生态系统功能与森林生态服务转化率的研究是目前生态服务核算的一个薄弱环节，究竟有多少比例的森林生态服务为人类所获取和利用目前还无法进行核算，森林生态服务核算还停留在单纯对森林所提供的各种服务的核算阶段，从而使研究结果与现时的经济核算体系脱节。今后，应紧密结合我国实际，进一步加强森林生态服务的研究、试验、调查和完善工作，在森林生态系统核算领域不断探索、勇于创新，满足国家对森林生态系统状况进行科学核算的迫切需求，为建设生态文明作出应有的贡献。

东北虎（陈建伟　摄影）

云南白马雪山滇金丝猴（陈建伟　摄影）

云南迪庆暗针叶林（韦荣华 摄影）

第五章

中国森林资源核算结果及其应用

第一节　核算结果综合分析
第二节　政策建议
第三节　研究展望

第一节　核算结果综合分析

从本次核算结果可以看出，我国林地林木资源总量不断增加，森林资产不断积累，为绿色发展奠定了重要的物质基础；森林生态服务功能不断增强，价值量不断提升，为社会提供了普惠的民生福祉，为建设美丽中国提供了良好生态条件，并产生了显著的全球效益。尽管林地林木资产稳步增长，但是森林资源消耗形势依然严峻，守住林地面积、森林面积和森林蓄积红线的压力依然巨大。中国森林资源核算理论框架的建立，为完善国民经济核算体系进行了有益探索。

一、森林资产总量不断增加，为绿色发展奠定了重要的物质基础

进入新世纪以来，我国林业迎来了前所未有的快速发展时期，先后启动实施了天然林资源保护、退耕还林等林业重点建设工程，森林面积不断增加、森林质量大幅度提升。

据第八次全国森林资源清查结果，全国现有林地资产实物量 3.10 亿公顷，林地资产价值量 7.64 万亿元；林木资产实物量 160.74 亿立方米，林木资产价值量 13.65 万亿元；全国林地林木资产总价值达 21.29 万亿元。同第七次全国森林资源清查期末相比，林地资产实物存量增长了 2.0%，价值量增长了 38.4%；林木资产实物存量增长了 10.4%，价值量增长了 44.1%。全国林地林木资产总价值净增加 6.30 万亿元。如果按照 2012 年末全国人口 13.54 亿人计算，我国国民人均拥有森林资产

1.57 万元，5 年间，人均绿色财富增长了 38.9%。

这些结果表明，森林作为重要的自然资源，蕴藏着巨大的绿色财富。在森林资源领域的投入，即使是在边远的荒山荒地，仍然可以产生显著的收益。这一结论与联合国环境规划署 2011 年发布的《迈向绿色经济》报告的主要结论一致，即林业在引导全球绿色投资、降低环境风险与生态稀缺、提高人类福祉和社会公平中的作用显著，列在自然资本投资领域的第一位。自然资本的不断增加是绿色发展的重要特征，森林财富的不断积累和增长，将为推动绿色发展奠定重要的物质基础。随着自然资源资产化管理体制的不断完善、自然资源市场的不断发育，森林资源在国民财富中将占据越来越重要的位置。

二、生态服务功能不断增强，为社会提供了普惠的民生福祉

第八次全国森林资源清查期间，我国森林生态系统每年提供的主要生态服务价值达 12.68 万亿元，相当于 2013 年 GDP（56.88 万亿元）的 22.3%，是当年林业产业总产值（4.73 万亿元）的 2.68 倍。作为“最公平的公共产品”和“最普惠的民生福祉”，森林生态系统相当于每年为每位国民提供了 0.94 万元的生态服务。

与第七次森林资源清查期间相比，全国森林生态系统每年提供的生态服务物质量增长明显，其中，年涵养水源量增加了 17.4%，年保育土壤量增加了 16.4%，年提供负离子量增加了 20.8%，年滞尘量增加了 16.9%。5 年来，全国森林生态服务总价值量增加 2.67 万亿元，增长了 26.7%。

这些结果也表明，随着我国生态建设与保护力度的不断加大，森林资源总量不断增加、质量不断提升，森林生态服务功能进一步增强，在改善生态环境、防灾减灾、提升人居生活质量等方面产生了显著的效益。从受益范围看，森林不仅为当地人民提供了多种生态服务，也对下游及周边区域经济社会可持续发展发挥着重要的作用。同时，森

林的固碳和减缓气候变化、保护生物多样性等生态服务，还产生了巨大的全球环境效益。

三、森林资源消耗形势严峻，守住生态红线压力依然巨大

第八次全国森林资源清查期间，我国森林面积增加1223万公顷，森林蓄积增加14.16亿立方米，森林覆盖率由20.36%提高到21.63%。但是，与全球平均水平相比，森林覆盖率仍然低了近10个百分点。我国人均森林面积不足世界平均水平的1/4，人均森林资源蓄积仅为世界平均水平的1/7。

从第七次清查期末到第八次清查期末的5年间，天然次生林面积和蓄积分别增加了214.87万公顷和8.84亿立方米，人工林面积和蓄积分别增加442.51万公顷和2.81亿立方米。但是，由于人为因素的影响，天然林、人工林林地面积仍然分别减少了386.96万公顷和644.23万公顷。

为全面贯彻落实党的十八大精神，国家林业局制定了《推进生态文明建设规划纲要（2013～2020年）》，明确提出了“全国林地面积不低于46.8亿亩，森林面积不低于37.4亿亩，森林蓄积量不低于200亿立方米”的林地和森林红线。就目前的情况看，我国缺林少绿的总体状况仍未得到根本改变，局部地区征占用林地、改变林地用途、乱采滥伐林木等问题依然突出。随着新一轮城镇化进程的不断加快，土地资源的稀缺性将愈发凸显，这将给林地保护带来更大的压力。因此，守住林地面积、森林面积和森林蓄积的红线，维护国家生态安全的任务仍然十分艰巨。

四、核算理论方法日臻完善，为完善国民经济核算体系作了有益探索

在联合国（UN）、欧盟（EU）、经合组织（OECD）、世界银行（WB）、货币基金组织（IMF）及联合国粮农组织（FAO）共同发布的《环境

经济核算体系—2012中心框架》（简称SEEA—2012）中，森林资源被列为重要的核算内容之一。2013年的联合国森林论坛第十届大会进一步强调，要把森林产品和服务对国家和地区经济的贡献以及森林的社会、文化和环境价值对城乡社会的影响，纳入国民经济核算体系及各级政策与规划之中。

国家林业局与国家统计局于2004年联合组织开展的“中国森林资源核算及纳入绿色GDP研究”，首次在国内提出了森林资源核算的理论和方法，构建了我国基于森林的国民经济核算框架。在此基础上，本研究充分借鉴国内外最新研究成果，对该理论框架做了进一步的补充完善。在林地林木资源核算中，借鉴了SEEA—2012中林地、林木资源核算账户及估价方法，结合中国森林资源清查实际，进一步完善了我国林地林木资源核算理论框架，既符合SEEA—2012提出的估价原则，又符合中国实际情况。在森林生态服务核算中，进一步丰富了全国森林生态系统连续清查数据并借鉴了最新研究成果，使核算的基础数据更加准确、方法更加科学、结果更加可靠。这些理论与方法上的创新，在国内外该领域都具有明显的先进性、适用性，将为完善我国国民经济核算体系和编制自然资源资产负债表提供重要参考。

第二节　政策建议

开展森林资源核算，对于科学全面地认识森林的功能和价值，提升人们的生态文明意识，全面深化林业改革、创新林业治理体系、健全和完善生态文明制度等，具有重要意义。党的十八大提出了建设生态文明和美丽中国的宏伟目标，十八届三中全会进一步作出了生态文明制度建设的总体部署，对生态林业和民生林业建设提出了新的要求。基于此次核算的主要结果和基本结论，提出如下政策建议。

一、完善森林资源资产管理体制，加快建立国家自然资源管理体系

习近平总书记指出 :“良好生态环境是最公平的公共产品，是最普惠的民生福祉”，“保护生态环境就是保护生产力，改善生态环境就是发展生产力”。本次森林资源核算结果表明，森林不仅是重要的经济资产，而且是巨大的环境资产，为社会经济发展提供着不可替代的生态服务，与水资源、土地资源一样，是绿色发展重要的战略资源，是保障国土生态安全不可替代的重要组成部分。同时，“山水林田湖”是一个共同的生命体，森林资源的质与量，直接关系到国土生态安全、水资源安全、粮食安全、能源安全，直接影响到民生福祉和民族命运。

在当前生态红线的高压态势下，要按照党的十八届三中全会对加快生态文明制度建设的总体部署，科学评估林业的地位与作用，把林业作为经济社会发展的根本问题，将森林资源纳入国家战略资源，创新林业治理体系，加强对全国森林资源的规划与管理，进一步完善森林资源培育和保护的多层次、多渠道投入机制，提升林业治理能力。此次森林资源核算研究成果，为健全国家森林资源资产管理制度，完善森林资源监管体制，逐步探索国有森林资源的资产化管理机制，建立有利于保护和发展森林资源、有利于改善生态改善林区民生、有利于增强林区发展活力、权责利统一的森林经营管理体制提供支撑。

二、开展森林资源资产负债表编制试点，强化生态建设与保护责任

党的十八大提出，面对资源约束趋紧、环境污染严重、生态系统退化的严峻形势，必须要加强生态文明制度建设，把资源消耗、环境损害、生态效益纳入经济社会发展评价体系，建立体现生态文明要求的目标体系、考核办法、奖惩机制。随着我国新型工业化、城镇化的

深入推进，经济社会发展用地需求不断增长，严守林业生态红线、维护国家生态安全任务十分艰巨。

党的十八届三中全会明确要求，探索编制自然资源资产负债表，对领导干部实行自然资源资产离任审计。习近平总书记强调指出，“划定并严守生态红线，不能越雷池一步，否则就应该受到惩罚”，这无疑成为督促各级政府积极实施可持续利用自然资源政策的“紧箍咒”。目前，我国林业已经建立了科学完备的森林资源连续清查制度体系，在全国率先开展了森林资源资产核算研究，建立了森林资源核算的理论和方法，为编制森林资源资产负债表奠定了坚实的理论和技术基础，为健全生态环境保护责任追究制度和环境损害赔偿制度积累了宝贵经验，为考量各级政府生态红线保护履职、审计自然资源资产管理责任提供了重要依据。

因此，可以先行开展森林资源资产负债表编制试点工作，完善并推行生态问责制度，通过森林资源资产离任审计，鞭策各级领导干部践行绿色发展、循环发展、低碳发展，不断改善经济社会发展的生态条件。

三、坚持市场配置资源，完善森林资源有偿使用和生态补偿制度

党的十八大提出，深化资源性产品价格和税费改革，建立反映市场供求和资源稀缺程度、体现生态价值和代际补偿的资源有偿使用制度和生态补偿制度。中国森林资源核算研究确立了国际先进的森林资源核算理论框架和技术方法，全面科学地量化了森林资源资产和森林生态系统服务的物质量和价值量，为实现森林资源的有偿使用和完善森林生态补偿制度提供了重要的科学依据。

今后，要充分利用核算结果，推动建立健全森林资源及服务的市

场价格体系，让市场在森林资源配置中发挥决定性作用，推动完善森林资源有偿使用和生态补偿制度，使森林资源真正成为林农的绿色财富，让林农在社会主义市场经济体制改革中获得实实在在的收益。要完善林地征占用补偿和森林植被恢复费征收制度，使其更加全面地体现森林资源的综合价值和稀缺程度，提高征占用林地补偿标准和森林植被恢复费标准。在生态补偿方面，要以森林生态系统服务受益的对象和范围为依据，建立全流域、跨区域的生态补偿体系，提高生态补偿标准，调动各方面造林、育林、护林的积极性。

同时，对于生态区位极其重要的生态公益林和生态脆弱地区的生态治理成果，要逐步探索建立生态服务国家赎买制度。要利用森林生态服务价值评价结果，提升公众对森林多种功能、多种服务的认知度和参与度，借鉴国外经验，探索建立森林生态税、生态彩票等制度，形成多种渠道、多种形式的森林生态补偿社会参与机制。

四、探索自然资源核算，完善国民经济核算体系

通过开展森林资源核算研究，科学反映了经济社会发展和林业政策对森林资源增长、消耗的影响，合理量化了森林所提供的多种服务对经济社会发展的贡献，为探索自然资源资产核算并将其纳入国民经济核算体系奠定了良好的理论和实践基础。今后，要以森林资源核算为试点，进一步探索将森林资源核算与现行国民经济核算体系相联系，推动建立具有中国特色的绿色国民经济核算体系，逐步实现中国森林资源核算常态化、制度化，为绿色发展提供基础性的制度保障。

纵观全球，系统开展以全国森林资源连续清查为基础、与国民经济核算相关联的森林资源核算研究的并不多见。由国家林业局和国家统计局两个部门联合研究建立的基于森林的绿色国民经济核算体系，形成了较为完整的理论方法体系，积累了丰富的核算实践经验，总体

上已经走到了世界前列，这将有利于发挥我国在森林核算国际规则制定中的作用。

五、充分利用研究成果，加强生态文明宣传教育

人类对森林资源的传统认识，侧重于物质产品供给，忽视了森林生态系统在生态、经济和社会等诸多方面的功能与价值，这种片面认识导致了对森林资源的无序开发利用，引发了一系列生态环境问题，严重威胁着人类的健康与生存。随着经济社会的发展，人类逐步感知到森林生态系统的脆弱性和多功能性，愈加倚重于森林的生态、历史、文化、美学、休闲等诸多服务。

通过开展森林资源核算，以森林资源数据和生态服务监测数据为基础，科学量化了森林资源的经济、生态、社会和文化价值。因此，要充分利用森林资源核算的结果，大力宣传森林产品和服务对国家、地区经济发展的贡献，调动全社会造林、营林、护林的积极性，引导人们自觉地把森林当作财富加以保护和可持续地利用，牢固树立生态文明意识，共同建设资源节约型和环境友好型社会。

第三节　研究展望

森林资源核算是一项具有全局性、战略性、前瞻性研究，国际上尚未建立起一套完整、成熟的理论和方法体系。科学、客观地评价森林在经济社会发展中的重要作用，将自然资源和环境因素纳入国民经济发展核算体系，一直是包括联合国在内的一些国际组织及经济、生态学界高度关注和深入研究的前沿性课题。因此，仍然有许多问题需要今后不断探索、不断完善。

一、完善核算理论框架和内容

完整的森林资源核算体系，不仅包括森林资源资产实物和价值存量及其变动核算，也包括森林所提供的经济产出、多种生态服务以及森林社会文化价值核算，同时，还包括林业投入产出核算、森林生态保护的支出核算，最终实现将森林资源核算与国民经济核算体系相联系。

此次研究仅开展了林地林木资源和森林生态服务两个方面的核算，还不是一个完整的森林资源核算。今后，还需要进一步开展森林社会文化价值和森林产品核算、林业投入产出核算、森林生态保护的支出核算等。同时，要探索编制森林资源资产负债表，建立林业绿色经济评价指标体系，为完善森林资源资产管理体制及评价机制，将森林资产纳入领导干部离任审计提供依据。

二、充实生态服务核算指标

在国家林业局2008年发布的行业标准《森林生态系统服务功能评估规范》中，确定了8类14项主要生态服务指标的评估方法。此次核算中，选择了森林涵养水源、保育土壤、固碳释氧、净化大气环境、森林防护、生物多样性保护、森林游憩等7类13项服务指标。应当说，这些指标并不能完全涵盖森林生态系统提供的所有服务内容，即使是某个单一指标，也不能反映森林生态系统该项服务的全部功能。例如，森林防护服务不仅仅体现在农田防护和防风固沙方面，沿海防护林对沿海地区的农业、房屋、道路、动物栖息地等也具有重要的保护作用；森林除了能够净化大气环境外，还能够改变环境小气候、降低噪音，吸滞雾霾等。森林的这些服务功能都真实存在并惠益人类，但受限于目前的技术手段，还无法对这些服务进行全部准确核算。这些都有待于今后深入研究，不断改进监测技术手段，逐步充实，从而全面地反映森林所提供的生态服务。

三、创新核算方法

在森林生态服务价值量核算方面，目前只能采用等效替代的方法，需要借助于相应替代工业产品的价格或损失成本。在缺少准确对应的替代工业产品的权威价格和成本数据的情况下，只能采取人为估计的方法，这就必然会对最终的核算结果产生一定的影响。在未来的研究中，还需要探索更为科学的生态服务评价方法，进一步完善相关指标的调查统计方法，使核算结果更加准确、更加贴近实际。

此外，森林生态系统功能与森林生态服务转化率的研究，也是目前生态服务评估的一个薄弱环节。究竟有多少比例的森林生态服务为人类所获取和利用，目前还无法进行准确的估计。可以说，森林生态服务核算还停留在单纯对森林所具有的各种服务功能的核算阶段，从而使研究结果与现实的经济核算体系脱节。今后，应紧密结合我国实际，进一步加强森林生态服务的监测、试验和调查，运用自然科学与社会科学相结合的方法，尽可能准确地评估功能与服务。

四、健全统计调查体系

在林地林木资源核算方面，由于核算所需的部分基础数据不足，尤其是价格评估数据缺乏常规统计，此次核算只能采取委托各省组织调查的方式。尽管数据是按照项目统一设计的调查指标由各省份统一组织调查上报，但仍不能完全做到客观精确。为实现森林资源核算的常态化，需要进一步完善现行林业统计制度，规范相关基础数据的调查方法。

在森林生态服务物质量核算方面，由于森林生态系统过程复杂、类型繁多、服务功能多样，国际上至今也尚未建立一套全面系统且普遍通行的科学评估方法和完善的基础数据采集体系。此次核算以全国森林资源清查与森林生态连清数据为基础，采用分布式测算方法，将森林生态系统模糊界定为均质的生态单元，在一定程度上反映了森林生态服务的基本状况。但是，核算的精度显而易见地受到生态定位站点分布、监测精度的影响，尚不能精确地量化森林所提供的全部生态服务。因此，需要进一步加大全国森林生态定位监测站点的分布密度，不断积累连续监测数据和连续清查数据，更加精确地对森林生态服务进行核算。

我们相信，随着人们认识水平的不断提高、研究的不断深入、技术的不断进步、数据的不断积累，核算的内容、指标将不断充实，结果将更加丰富、更加准确，让人们更加全面、科学地认识森林，为推进生态文明制度建设提供可靠的支撑。

长白山雪乡国家森林公园的林海晨光（杨志勇 摄影）

湖南莽山国家森林公园五彩斑斓的亚热带常绿阔叶林（颜智龙　摄影）

附　件

附件一　名词术语

生态文明：生态文明是指人类遵循人与自然、与社会和谐协调，共同发展的客观规律而获得的物质文明与精神文明成果，是人类物质生产与精神生产高度发展的结晶，是自然生态和人文生态和谐统一的文明形态。

生态系统功能：生态系统的自然过程和组分直接或间接地提供产品和服务的能力，包括生态系统服务功能和非生态系统服务功能。

生态系统服务：生态系统中可以直接或间接地为人类提供的各种惠益，生态系统服务建立在生态系统功能的基础之上。

生态系统服务转化率：生态系统实际所发挥出来的服务功能占潜在服务功能的比率，通常用百分比（%）表示。

森林生态效益定量化补偿：政府根据森林生态效益的大小对生态系统服务提供者给予的补偿。

森林生态系统服务全指标体系连续观测与清查（简称森林生态连清）：森林生态系统服务全指标体系连续观测与清查（简称森林生态连清）是以生态地理区划为单位，以国家现有森林生态站为依托，采用长期定位观测技术和分布式测算方法，定期对同一森林生态系统服务进行重复的全指标体系观测与清查，它与国家森林资源连续清查耦合，用以评价一定时期内森林生态系统的服务，以及进一步了解森林生态系统的动态变化。这是生态文明建设赋予林业行业的最新使命和职能，同时可为国家生态建设发挥重要支撑作用。

森林生态功能修正系数（*FEF-CC*）：基于森林生物量决定林分的生态质量这一生态学原理，森林生态功能修正系数是指评估林分生物量和实测林分生物量的比值。反映森林生态服务评估区域森林的生态质量状况，还可以通过森林生态功能的变化修正森林生态系统服务的变化。

价格指数：价格指数反映不同时期一组商品（服务项目）价格水平的变化方向、趋势和程度的经济指标，是经济指数的一种，通常以报告期和基期相对比的相对数来表示。价格指数是研究价格动态变化的一种工具。

森林资源：指在我国主权范围内自然形成的，在一定的经济、技术条件下可以被开发利用提高人们生活福利水平和生存能力，并同时具有某种“稀缺性”的木本植物资源。包括林地、林木以及其他野生动植物资源。森林资源根据人工干预程度分为培育资产和非培育资产。

资产：指经济资产，它是一种价值储备，指所有者在一定时期内通过持有或使用能够产生一次性或连续性经济利益的资产。

培育资产：指生产一次性产品或者生产重复性产品，其自然生长或更新在机构单位直接控制、负责和管理之下的森林资产，包括人工林、苗圃、四旁树等。

非培育资产：指生产一次性产品或者生产重复性产品，但其自然生长或更新不在机构单位直接控制、负责和管理之下的森林，如天然林等。

存量：是指某一指定的时点上，过去生产与积累起来的产品、货物、储备、资产负债的结存数量。

流量：是指一定时期内发生的某种经济变量变动的数值，它是在一定的时期内测度的，其大小有时间维度。

非木质林产品：指由森林生态系统提供的除木材之外的物质产品。

森林生态服务：森林为人类生存和生活质量提供的各种无形服务，包括自然景观引起的游憩服务，也包括森林作为生态系统提供的各种生态服务。

附件二　森林生态服务核算成果应用说明

本次评估是依据以下条件完成的：

1. 国家林业局第八次全国森林资源连续清查成果（2009 ~ 2013 年）；

2. 森林生态系统服务全指标体系连续观测与清查数据集；

3. 中华人民共和国林业行业标准《森林生态系统长期定位观测方法》（LY/T 1952—2011）；

4. 中华人民共和国林业行业标准《森林生态系统服务功能评估规范》（LY/T 1721—2008），其中对生物多样性保护的评估采用修正后的方法，增加了农田防护与防风固沙、森林游憩的评估；

5. 基于野外观测连清体系和分布式测算评估体系构成的森林生态连清体系框架；

6. 本次研究仅限于中国森林生态系统的涵养水源、保育土壤、固碳释氧、净化大气环境、生物多样性保护、农田防护与防风固沙、森林游憩 7 项生态系统服务评估，不涉及湿地、荒漠等其他生态系统类型；

7. 本次评估主要利用了全国 100 个森林生态站，600 个辅助观测点（退耕还林、生态公益林、三北防护林、天然林资源保护工程等生态效益监测站）的数据进行了分析研究。

8. 本次评估中所涉及的价格参数均以 2013 年为价格基准年。

凡是不符合上述条件的其他评估结果均不宜与本次研究结果简单类比。

附件三　林地林木资源核算调查数据表

一、林地价值核算

1. 林地价格调查表（表 1）

调查表说明：

林地使用价格即林地地租。

（1）主栏：林地分类及定义按照全国森林资源清查的技术规程分类和定义。

（2）宾栏：林地市场价格是指林地使用权流转过程中的市场价格，即市场交易中的平均每年应支付的地租，不包括地上覆盖物的使用价格。

年租金：以 2012 年为准，假设本地区发生林地市场流转应支付的平均年地租价格，可以参考林地流转、地租专项调查资料（如集体林改的有关统计

表1　林地使用权价格

单位：元/（公顷·年）、公顷

林地类型	林地市场价格			使用费
	年租金	交易价格	交易面积	
（一）有林地				
（1）林分				
用材林				
薪炭林				
防护林				
特用林				
（2）经济林				
果树林				
食用原料林				
林化工业原料林				
药用林				
其他经济林				
（3）竹林				

（续）

林地类型	林地市场价格			使用费
	年租金	交易价格	交易面积	
毛竹				
杂竹				
（二）疏林地				
（三）灌木林地				
（四）未成林地				
（五）苗圃地				
（六）无立木林地				
（七）宜林地				

注：1.林地使用权价格是指林地经营主体使用林地应支付的成本，即地租；
2.年租金是指林地流转中各类林地年租金（市场价），不包括地上覆盖物的使用价格；
3.使用费按照各省份有关国有林场林地使用费管理办法测算全省份的平均值（贴现值）；
4.请附有关林地使用费管理办法的复印件。

资料）或评估案例的统计资料估算，但要尽量代表本地区相应林地类型价格。交易额和交易面积是指近3年实际发生的林地流转统计结果，如承包、转让、拍卖、租赁等，交易额单位为元/（公顷·年），即一次性支付的地租应转化为年地租。

林地使用权价格（使用费）：按照各省（自治区、直辖市）制定的国有单位经营国家、集体拨交的林地使用费计提标准，按照树种的平均经营年限，以林业投资收益率评估出各类林地年均使用费（贴现值）。

2. 征占用林地补偿费用标准调查表（表2）

调查表说明：

(1)主栏：林地分类及定义按照全国森林资源清查的技术规程分类和定义。

(2)宾栏：补偿标准（林地）：按照省（自治区、直辖市）的《征用占用林地及补偿费征收管理办法》中的林地补偿费办法，以2012年征占用林地为基准，分别计算各类林地的长期征占用林地林木补偿标准。

表2　征占用林地林木补偿费用标准

林地类型	补偿标准			采伐林木纯收益（元/公顷）	备注
	林地（元/公顷）	林木（元/公顷）	林木（元/立方米）		
（一）有林地					
（1）林分					
用材林					
幼龄林					
中龄林					
近熟林					
成熟林					
过熟林					
薪炭林					
幼龄林					
中龄林					
近熟林					
成熟林					
过熟林					
防护林					
特用林					
（2）经济林					
果树林					
食用原料林					
药用林					
林化工业原料林					
其他经济林					
（3）竹林					
毛竹					
杂竹					
（二）疏林地					
（三）灌木林地					
（四）未成林地					
（五）苗圃地					
（六）无立木林地					

（续）

林地类型	补偿标准			采伐林木纯收益（元/公顷）	备注
	林地（元/公顷）	林木（元/公顷）	林木（元/立方米）		
（七）宜林地					
补充资料：耕地年产值					

注：1.按照省（自治区、直辖市）的征占用林地费用管理办法分别计算各类林地、林木及覆盖物的征占费用标准；
2.采伐林木纯收益，是指采伐木材的实际产值扣除生产和销售成本，并在备注栏注明收益是否归林木经营者；
3.请附征占用林地费用管理办法及其他工程征占用林地补偿费用管理办法的复印件。
4.林木补偿标准是为测算林价提供参考，不用于林地价格测算。

补偿标准（林木）：按照省（自治区、直辖市）的《征用占用林地及补偿费征收管理办法》中的林木补偿费办法，以2012年征占用林地为基准，分别计算各类林木补偿标准。林木补偿标准分别用面积（元/公顷）和蓄积（元/立方米）表示，根据当地实际木材生产成本估算采伐林木的纯收入，并在备注栏注解采伐林木的纯收入是否归林木经营者。

二、林木价值核算

1. 营林成本与收益调查表（表3）

表格主栏中各项说明：

未成林造林成本是指从计划造林到林分郁闭前期间发生的营林成本，全部用市场价计算，包括如下科目：

造林调查设计费：指为组织造林生产而发生的调查设计费；按造林直接成本的4%计算。

整地费：指平整林地或采伐迹地和挖穴作业项目，费用与造林规格及密度有关，整地费＝平整林地费＋造林密度 × 单位挖穴费（元/穴）；石质山造林不能超过20%。

苗木费：指用苗量与苗木单价的乘积，苗木单价是指运到造林地的价格，用苗量＝造林密度 × （1+废苗率＋补植率）。

植苗费：植苗作业发生的人工费，植苗费＝造林密度 × 单位植苗费（元/株）。

表3 优势树种（组）的造林和年管护成本

单位：元/公顷、元/（公顷·年）

项 目	优势树种（组）							
未成林造林成本								
（1）造林调查设计费								
（2）整地费								
（3）苗木费								
（4）植苗费								
（5）补植费								
（6）未成林抚育费								
（7）其他								
（8）合计								
年管护成本								
（1）病虫害防治费								
（2）防火费								
（3）林木管护费								
（4）营林制造费								
（5）其他								
（6）合计								
备注								

注：1.优势树种（组）以第八次全国森林资源清查林分各优势树种各龄组面积蓄积统计表为准；

2.以培育人工用材为依据，按照目前工程造林成本标准计算未成林造林成本，各优势树种（组）的成本差异主要是整地费、苗木费和植苗费，对于未曾造林的优势树种（组）可以估算；

3.未成林抚育费包括除草、松土、割灌等费用；

4.未成林造林成本（8）=（1）+（2）+（3）+…+（7）；

5.年管护成本是指平均每年发生的森林保护费和平摊的年营林制造费用；

6.营林制造费，包括营林设施费、营林调查设计费、其他有关管理和业务费用的平摊的年平均费用，注意年平均费用计算的合理性；

7.年管护成本（6）=（1）+（2）+（3）+（4）+（5）。

补植费：补植费＝造林密度 × 补植率 × 单位植苗费（元/株）。

未成林抚育费：是指造林成活后发生的除草、松土、割灌等费用。

其他：除上述作业项目外发生的，应计入未成林造林成本的费用，如肥料费。

年管护成本是指每年发生的森林保护费用和每年平摊的营林制造费用，包括如下科目：

病虫害防治费：为防治病虫害而发生的费用，可参考统计资料或国家生态公益林公共支出标准计算。

防火费：包括防火设施、防火道建设、通信线路维修等防火费用，注意年均平摊的科学性，可参考统计资料和国家生态公益林公共支出标准计算。

林木管护费：护林人员的管护工资，可参考统计资料和天然林资源保护工程的标准计算。

营林制造费：基层营林单位为组织和管理营林生产所发生的管理费用和业务费用，包括营林设施费、营林调查设计费、其他有关管理和业务费用的平摊的年平均费用，注意科学地计算单位面积的年平均费用。

2. 优势树种（组）的营林与收益调查表（表 4）

营林与收益调查目的是为了反映立木生长期间投入与收入情况，造林和年管护成本已在表 3 中计量，本表主要是计量林分生长期间重要的抚育成本与收益、其他非木材利用收益情况，若此树种在相应的龄组没有抚育和收入项目，就不用填写。

表格主栏中各项说明：

各优势树种（组）的各龄组面积和蓄积以八次全国森林资源清查的林分各优势树种各龄组面积蓄积统计表为准。

抚育成本：是指抚育作业费用，包括原料、工资、折旧等费用。

抚育总收入：是指抚育作业时直接获得的林产品收入，如木材或薪材等收入。

纯收入：是指非经济林林木生长期间的年均非木材纯收入，如叶、花、果、树皮、树液等产出，如马尾松的松脂、红松的松籽。

纯收入年数：是指林木生长期间取得非木材收入的收获年数，如马尾松在 8 ～ 12 年间可以采松脂，根据龄组分布，就可以相应的分配收入年数。

表4　优势树种（组）的营林与收益

单位：年、立方米/公顷、元/公顷

项　目			优势树种（组）							
幼龄林	实物	年限								
		面积								
		蓄积								
	抚育	成本								
		总收入								
	收益	纯收入								
		年数								
中龄林	实物	年限								
		面积								
		蓄积								
	抚育	成本								
		总收入								
	收益	纯收入								
		年数								
近熟林	实物	年限								
		面积								
		蓄积								
	抚育	成本								
		总收入								
	收益	纯收入								
		年数								
成熟林	实物	年限								
		面积								
		蓄积								
	收益	纯收入								
		年数								

（续）

项 目			优势树种（组）							
过熟林	实物	年限								
		面积								
		蓄积								

注：1．优势树种（组）以第八次全国森林资源清查林分各优势树种各龄组面积蓄积统计表为准，培育年限以一类森林资源清查技术规程为准；
2.抚育成本是指抚育作业费用，包括原料、工资、折旧等费用，抚育总收入是指抚育作业时直接获得的林产品收入，如木材或薪材；
3.收益是指非经济林林木生长期间的年均非木材纯收入，如叶、花、果、树皮、树液等产出，如马尾松的松脂、红松的松籽。

3. 优势树种（组）的主伐时木材生产成本与收入调查表（表 5）

表格主栏中各项说明：

主伐年龄：是指本地区树种培育为用材林时的主伐时年龄。

单位蓄积：是指纯林的用材林主伐时林分的平均蓄积量。

出材率：是指纯林的用材林主伐时立木树干材种出材率，包括规格材、非规格材和薪炭材，参考树种立木树干材种出材率表。

价格：是指树种的规格材、非规格材、薪材的平均市场价，可取当期的木材销售收入除以销售数量（分树种和材种统计），以 2012 年木材交易价格为准。

生产成本：是指从立木采伐开始至木材运到产品交货地点（归楞场）的成本，包括伐区成本、运输成本和贮木场成本，各段成本包括直接费用和间接费用。利用地区的成本汇总资料，分别计算伐区成本中的采集立方米成本、运输成本中的运材立方米成本、贮木场成本中的立方米平均成本。

税费：根据地方相关规定计算的每立方米木材所承担的税金和费用。

表5 优势树种（组）的主伐时木材生产成本与收入

单位：年、立方米/公顷、%、元/立方米

项 目	优势树种（组）							
主伐年龄								
单位面积蓄积								
出材率								
规格材								
价格								
非规格材								
价格								
薪材								
价格								
生产成本								
伐区成本								
运输成本								
贮木场成本								
税费								
规格材								
非规格材								
薪材								

注：1.优势树种（组）以第八次全国森林资源清查林分各优势树种各龄组面积蓄积统计表为准，单位蓄积是指用材林的纯林主伐时林分的平均蓄积量；

2.出材率是指用材林的纯林主伐时立木树干材种出材率，包括规格材、非规格材和薪炭材，价格是指该树种材的平均市场价；

3.生产成本是指从立木采伐开始至木材运到产品交货地点（归楞场）的成本，包括伐区成本、运输成本和贮木场成本，各段成本包括直接费用和间接费用，利用地区的成本汇总资料分别计算各项单位成本；

4.税费，根据地方相关规定计算的每立方米木材所承担的税金和费用。

4. 竹林调查表（表6）

调查表说明：

（1）主栏：分毛竹林和其他竹林。

（2）宾栏：分稳产前期（新造林）和稳产期。

稳产前期（新造林）包括面积和培育成本两个科目。

表6 竹林调查

类 型	稳产前期（新造林）		稳产期					
	面积（公顷）	培育成本（元/公顷）	面积（公顷）	竹材产量（根/公顷）	竹材价格（元/根）	竹笋产量（千克/公顷）	竹笋价格（元/千克）	经营成本（元/公顷）
毛竹林								
其他竹林								

注：1.培育成本包括工程造林成本、抚育和管护等费用；
2.竹材、竹笋（冬、春）产量是指稳产期的年均产量；
3.经营成本包括每年除草、翻土、病虫害防治、施肥以及挖笋和砍竹的投工、投资等直接为当年生产竹材和竹笋发生的成本，包括林地地租（有地租请注解）。

面积：以第八次全国森林资源清查结果为准。

培育成本：包括整地、种竹、植竹、施肥、抚育及制造费等。

稳产期：指竹林的竹材产量和竹笋产量与年度变化相对稳定的期间，包括如下科目。

面积：以第八次全国森林资源清查结果为准。

竹材产量：指平均每年的竹材出材量，要平衡大小年产量和不同经营级的产量。

竹笋产量：指平均每年的竹笋产量，包括冬笋和春笋产量，要平衡大小年产量和不同经营级的产量。

价格：市场交易价（路边价），可以用统计资料计算。

经营成本：包括每年除草、翻土、病虫害防治、施肥以及挖笋和砍竹的投工、投资等直接为当年生产竹材和竹笋发生的成本。

5. 主要经济林综合调查表（表7）

调查表说明：

（1）主栏：经济林地分类及定义按照全国森林资源清查的技术规程分类和定义。

（2）宾栏：包括初产期（新造林）和盛产期。

表7　主要经济林综合调查

类　型	初产期（新造林）		盛产期			
	面积（公顷）	培育成本（元/公顷）	面积（公顷）	平均产量（千克/公顷）	平均价格（元/千克）	经营成本（元/公顷）
一、果树林						
二、食用原料林						
三、林化工业原料林						
四、药用林						
五、其他经济林						

注：1.经济林类型分类和面积以第八次全国森林资源清查为准；
2.由分管经济林部门根据有关资料测算各类型培育成本、经营成本、林产品平均产量；
3.林产品平均价格以市场平均价或有关统计资料为准；
4.经营成本包括肥料、施肥和灌溉、病虫害防治、人工采摘等直接为收获当年经济林产品而发生的年平均费用，包括林地地租（有地租请注解）。

初产期：包括新造的经济林地、产前期经济林地和始产期的经济林地，面积以第八次全国森林资源清查为准。

培育成本：初产期前发生的培育成本，包括造林、施肥和追肥、防治病虫害、修枝定形、除草、管理费用分摊、林地地租（有地租请注解）等。

盛产期：经济林产量比较稳定期间的经济林地面积，面积以第八次全国森林资源清查为准。

平均产量：盛产期间的年平均产量，根据统计部门的统计资料或相关研究资料求算其平均产量。

平均价格：以当地农业或统计部门提供的市场销售价格为准。

经营成本：包括肥料、施肥和灌溉、病虫害防治、人工采摘等直接为当年生产经济林产品发生的成本，包括年地租（有地租请注解）。

6. 林木市场交易价格调查表（表8）

调查表说明：

（1）主栏：林地和林木分类定义按照全国森林资源清查的技术规程分类和定义。

表8 林木市场交易价格调查表

交易林木类型	优势树种（组）					
（一）有林地						
（1）林分						
用材林						
幼龄林（元/公顷）						
幼龄林（元/立方米）						
中龄林（元/公顷）						
中龄林（元/立方米）						
近熟林（元/立方米）						
成熟林（元/立方米）						
过熟林（元/立方米）						
薪炭林						
幼龄林（元/公顷）						
幼龄林（元/立方米）						
中龄林（元/公顷）						
中龄林（元/立方米）						
近熟林（元/立方米）						
成熟林（元/立方米）						
过熟林（元/立方米）						
防护林（元/公顷）						
特用林（元/公顷）						
（2）经济林						
果树林（元/公顷）						
食用原料林（元/公顷）						
林化工业原料林（元/公顷）						
药用林（元/公顷）						
其他经济林（元/公顷）						

（续）

交易林木类型	优势树种（组）					
(3) 竹林						
毛竹（元/公顷）						
杂竹（元/公顷）						
（二）疏林（元/公顷）						
（三）灌木林（元/公顷）						

注：调查表中的不同优势树种各龄组的交易价格是指2010年、2011年、2012年三年的林地上附着物林木的实际交易价格的平均值。

（2）宾栏：优势树种（组）以第八次全国森林资源清查的林分各优势树种各龄组面积蓄积统计表为准。

三、综合调查表

表9、表10指标说明：

（1）所有的优势树种（组）主要依据一类清查资料。

（2）调查数据以人工培育的用材林为对象，没有相应人工林的优势树种（组）资料，可以提供相应的估计值。

（3）以面积为单位，核算林木的平均营造林成本、木材生产成本和收益。

（4）造林成本包括造林调查设计费、整地费、苗木和植苗（补植）费、基肥和追肥费、未成林抚育费等。

（5）年防治管理成本包括从成林开始到采伐阶段，平均每年发生的病、虫害防治费、防火费、林木管护费和其他管理费等平均费用。

（6）抚育成本是以龄组为核算单位。

（7）采运成本包括伐区调查设计费、采伐、造材和集材费、装车及运输到归楞场的运输费、归楞场的平均贮木费等。

（8）销售管理费用是指销售每亩生产的原木和薪材时的期间管理费。

(9) 平均蓄积量是指与成本或收益对应的人工用材林各龄级的平均蓄积量。

(10) 间伐时的总收益是指毛收益。

(11) 木材收入是指每亩生产的原木和薪材的归楞场市场价销售毛收入。

(12) 木材销售税费是指每亩生产的原木和薪材销售时要交的费和税的合计。

(13) 木材销售经营利润一般按占木材生产成本的比例计算。

表9 分优势树种（组）的营造林成本调查表

优势树种（组）	造林成本（元/公顷）	年营林成本［元/（公顷·年）］	幼龄林抚育成本（元/公顷）	中龄林抚育成本（元/公顷）	中龄林间伐（元/公顷）		近成熟林间伐（元/公顷）	
					成 本	总收益	成 本	总收益

表10 分优势树种（组）的木材生产与销售调查表

优势树种（组）	幼龄林蓄积（立方米/公顷）	中龄林蓄积（立方米/公顷）	近成熟林蓄积（立方米/公顷）	成熟林蓄积（立方米/公顷）	采运成本（元/公顷）	木材收入（元/公顷）	平均轮伐期（公顷）	木材出材率（%）	木材销售税费（元/公顷）	销售管理费用（元/公顷）	木材销售经营利润（元/公顷）

附件四 IPCC推荐使用的木材密度（*D*）

单位：吨干物质/立方米鲜材积

气候带	树种组	*D*	气候带	树种组	*D*
北方生物带、温带	冷 杉	0.40	热 带	陆均松	0.46
	云 杉	0.40		鸡毛松	0.46
	铁杉柏木	0.42		加勒比松	0.48
	落叶松	0.49		楠 木	0.64
	其他松类	0.41		花榈木	0.67
	胡 桃	0.53		桃花心木	0.51
	栎 类	0.58		橡 胶	0.53
	桦 木	0.51		楝 树	0.58
	槭 树	0.52		椿 树	0.43
	樱 桃	0.49		柠檬桉	0.64
	其他硬阔类	0.53		木麻黄	0.83
	椴 树	0.43		含 笑	0.43
	杨 树	0.35		杜 英	0.40
	柳 树	0.45		猴欢喜	0.53
	其他软阔类	0.41		银合欢	0.64

资料来源：引自IPCC（2003）。

附件五 IPCC推荐使用的生物量转换因子（BEF）

编 号	*a*	*b*	森林类型	R^2	备 注
1	0.46	47.50	冷杉、云杉	0.98	针叶树种
2	1.07	10.24	桦木	0.70	阔叶树种
3	0.74	3.24	木麻黄	0.95	阔叶树种
4	0.40	22.54	杉木	0.95	针叶树种
5	0.61	46.15	柏木	0.96	针叶树种
6	1.15	8.55	栎类	0.98	阔叶树种
7	0.89	4.55	桉树	0.80	阔叶树种
8	0.61	33.81	落叶松	0.82	针叶树种
9	1.04	8.06	樟木、楠木、槠、青冈	0.89	阔叶树种
10	0.81	18.47	针阔混交林	0.99	混交树种

（续）

编 号	a	b	森林类型	R^2	备 注
11	0.63	91.00	檫木、阔叶混交林	0.86	混交树种
12	0.76	8.31	杂木	0.98	阔叶树种
13	0.59	18.74	华山松	0.91	针叶树种
14	0.52	18.22	红松	0.90	针叶树种
15	0.51	1.05	马尾松、云南松、思茅松	0.92	针叶树种
16	1.09	2.00	樟子松、赤松	0.98	针叶树种
17	0.76	5.09	油松	0.96	针叶树种
18	0.52	33.24	其他松类和针叶树	0.94	针叶树种
19	0.48	30.60	杨树	0.87	阔叶树种
20	0.42	41.33	铁杉、柳杉、油杉	0.89	针叶树种
21	0.80	0.42	热带雨林	0.87	阔叶树种

资料来源：引自Fang 等（2001）。

附件六 不同树种组单木生物量模型及参数

序 号	公 式	树种组	建模样本数	模型参数	
				a	b
1	$B/V=a\ (D^2H)^b$	杉木类	50	0.788432	−0.069959
2	$B/V=a\ (D^2H)^b$	马尾松	51	0.343589	0.058413
3	$B/V=a\ (D^2H)^b$	南方阔叶类	54	0.889290	−0.013555
4	$B/V=a\ (D^2H)^b$	红松	23	0.390374	0.017299
5	$B/V=a\ (D^2H)^b$	云冷杉	51	0.844234	−0.060296
6	$B/V=a\ (D^2H)^b$	落叶松	99	1.121615	−0.087122
7	$B/V=a\ (D^2H)^b$	胡桃楸、黄波罗	42	0.920996	−0.064294
8	$B/V=a\ (D^2H)^b$	硬阔叶类	51	0.834279	−0.017832
9	$B/V=a\ (D^2H)^b$	软阔叶类	29	0.471235	0.018332

资料来源：引自李海奎和雷渊才（2010）。

附件七　中国森林生态服务核算社会公共数据表（2013年推荐使用价格）

编号	名称	单位	数值	来源及依据
1	水资源市场交易价格	元/吨	4.48	采用水权市场价格法来评估森林持续供水价值，按照《关于加快建立完善城镇居民用水阶梯价格制度的指导意见》要求和发改委、财政部和水利部共同发布《关于水资源费征收标准有关问题的通知》等
2	污水处理成本	元/吨	1.00	采用目前城市供水工业用水征收的污水处理全国平均费用
3	挖取单位面积土方费用	元/立方米	63.00	根据2002年黄河水利出版社出版的《中华人民共和国水利部水利建筑工程预算定额》（上册）中人工挖土方Ⅰ和Ⅱ类土类每100立方米需42个工时，按2013年每个人工150元/天计算
4	磷酸二铵含氮量	%	14.00	化肥产品说明
5	磷酸二铵含磷量	%	15.01	化肥产品说明
6	氯化钾含钾量	%	50.00	化肥产品说明
7	磷酸二铵化肥价格	元/吨	3300.00	磷酸二铵、氯化钾化肥价格根据中国化肥网（http://www.fert.cn）2013年春季平均价格；有机质价格根据中国农资网（http://www.ampcn.com）2013年鸡粪有机肥的春季平均价格
8	氯化钾化肥价格	元/吨	2800.00	
9	有机质价格	元/吨	800.00	
10	固碳价格	元/吨	48.18	根据A Report by Forest Trends' Ecosystem Market（Goldstein et al., 2013）中全球主要碳交易市场碳汇价格7.80美元/吨，折合人民币即48.18元/吨（人民币对美元汇率为6.1769）
11	制造氧气价格	元/吨	1108.00	采用2007年中华人民共和国卫生部网站（http://www.nhfpc.gov.cn）春季氧气平均价格（1000元/吨），根据价格指数（医药制造业）折算为2013年的现价，即1108元/吨

（续）

编 号	名 称	单 位	数 值	来源及依据
12	负离子生产费用	元/10^{-18}个	9.16	根据企业生产的适用范围30平方米（房间高3米）、功率为6瓦、负离子浓度1000000个/立方米、使用寿命为10年、价格每个65元的KLD-2000型负离子发生器而推断获得，其中负离子寿命为10分钟，根据《中国能源发展报告（2013）》，2012年中国平均销售电价为625.19元/千千瓦时，再根据价格指数（电力、热力的生产和供应业）将2012年电价折算为2013年现价为0.63元/（千瓦·小时）
13	二氧化硫治理费用	元/千克	1.55	采用国家发展和改革委员会等四部委2003年第31号令《排污费征收标准及计算方法》中北京市高硫煤二氧化硫排污费收费标准为1.20元/千克；氟化物排污费收费标准为0.69元/千克；氮氧化物排污费收费标准为0.63元/千克；一般性粉尘排污费收费标准为0.15元/千克；铅及其化合物排污费收费标准为30.00元/千克；镉及化合物排污费收费标准为20.00元/千克；镍及化合物排污费收费标准为4.62元/千克；锡及化合物排污费收费标准为2.22元/千克。通过工业生产者出厂价格指数将2003年价格折算为2013年的现价
14	氟化物治理费用	元/千克	0.89	
15	氮氧化物治理费用	元/千克	0.81	
16	铅及化合物污染治理费用	元/千克	38.67	
17	镉及化合物污染治理费用	元/千克	25.78	
18	镍及化合物污染治理费用	元/千克	5.95	
19	锡及化合物污染治理费用	元/千克	2.86	
20	降尘清理费用	元/千克	0.19	
21	防风固沙生态认购价格	元/（公顷·年）	6593	根据《陕甘宁边区生态购买设计与操作途径》（延军平等，2002）中2002年认治沙漠出资额度为5000元/（公顷·年），通过工业生产者出厂价格指数将2002年生态认购价格折算至2013年的现价，即6593元/（公顷·年）

（续）

编　号	名　称	单　位	数　值	来源及依据
22	农作物、牧草价格	元/千克	2.00	农作物、牧草价格根据新农业农资网（http://www.xnynews.com/quote/list-297.html）2013年平均价格
23	生物多样性保护价值	元/（公顷·年）	— — — — — — —	根据Shannon-Wiener指数计算生物多样性保护价值，采用2005年价格，即： Shannon-Wiener指数<1时，S_1为3000元/（公顷·年）； 1≤Shannon-Wiener指数<2，S_1为5000元/（公顷·年）； 2≤Shannon-Wiener指数<3，S_1为10000元/（公顷·年）； 3≤Shannon-Wiener指数<4，S_1为20000元/（公顷·年）； 4≤Shannon-Wiener指数<5，S_1为30000元/（公顷·年）； 5≤Shannon-Wiener指数<6，S_1为40000元/（公顷·年）； 指数≥6时，S1为50000元/（公顷·年）。 通过工业生产者出厂价格指数将2005年价格折算为2013年的现价

参考文献

蔡炳华，王兵，等 . 2014. 黑龙江省森林与湿地生态系统服务功能研究 [M]. 哈尔滨：东北林业大学出版社 .

陈雪峰，曾伟生，熊泽彬，等 . 2004. 国家森林资源连续清查的新进展——关于国家森林资源连续清查技术规定的修订 [J]. 林业资源管理，(5)：40-45.

董秀凯，王兵，等 . 2014. 吉林省露水河林业局森林生态连清与价值评估报告 [M]. 长春：吉林大学出版社 .

方精云，刘国华，徐嵩龄 .1996. 我国森林植被的生物量和净生产量 [J]. 生态学报，16（5）：497-508.

傅伯杰，周国逸，白永飞，等 .2009. 中国主要陆地生态系统服务功能与生态安全 [J]. 地球科学进展，24（6）：571-576.

傅伯杰 . 2013. 管理滞后制约生态文明建设 [OL]. 中国青年报 . http：//zqb.cyol.com/html/2013-05/nw.D110000zgqnb_20130528_9-03.htm.2013-5-28.

高敏雪 . 2003. 环境经济核算的基本思路以及现实选择 [N]. 中国信息报，(7) .

高敏雪，等 . 2007. 综合环境经济核算——基本理论与中国应用 [M]. 北京：经济科学出版社 .

高敏雪，等 . 2012. 综合环境经济核算与计量分析——从国际经验到中国实践 [M]. 北京：经济科学出版社 .

国家林业局 . 2003. 森林生态系统定位观测指标体系 (LY/T 1606—2003) [S].4-9.

国家林业局 . 2004. 国家森林资源连续清查技术规定 [M]. 北京：中国林业出版社 .

国家林业局 . 2005. 森林生态系统定位研究站建设技术要求（LY/T 1626—

2005）[S].6-16.

国家林业局 . 2007. 全国森林培育技术标准汇编 [M]. 北京：中国林业出版社 .

国家林业局 . 2007a. 干旱半干旱区森林生态系统定位监测指标体系（LY/T 1688—2007）[S].3-9.

国家林业局 . 2007b. 暖温带森林生态系统定位观测指标体系（LY/T 1689—2007）[S].3-9.

国家林业局 . 2007c. 热带森林生态系统定位观测指标体系（LY/T 1687—2007）[S].4-10.

国家林业局 . 2008a. 国家林业局陆地生态系统定位研究网络中长期发展规划（2008 ～ 2020 年）[S].62-63.

国家林业局 . 2008b. 寒温带森林生态系统定位观测指标体系（LY/T 1722—2008）[S].1-8.

国家林业局 . 2008c. 森林生态系统服务功能评估规范(LY/T 1721—2008)[S].3-6.

国家林业局 . 2010a. 森林生态系统定位研究站数据管理规范（LY/T1872—2010）[S].3-6.

国家林业局 . 2010b. 森林生态站数字化建设技术规范(LY/T1873—2010)[S].3-7.

国家林业局 . 2011. 森林生态系统长期定位观测方法（LY/T 1952—2011）[S].1-121.

国家林业局森林资源管理司 . 2010. 全国森林资源统计（2004 ～ 2008）[M]. 北京：中国林业出版社 .

孔繁文，戴广翠，高岚，等 . 1994. 森林环境资源核算与政策 [M]. 北京：中国环境科学出版社，12.

李海奎，雷渊才 . 2010. 中国森林植被生物量和碳储量评估 [M]. 北京：中国林业出版社 .

李金华 . 2009. 中国环境经济核算体系范式的设计与阐释 [J]. 中国社会科学，(1)：84-98.

李文华 . 2008. 生态系统服务功能价值评估的理论、方法与应用 [M]. 北京：中国人民大学出版社，1-36.

联合国，等 . 1995. 国民经济核算体系—1993 [M]. 北京：中国统计出版社 .

联合国，等 . 2003. 综合环境经济核算—2003[R]. 高敏雪，等译 .

联合国，等 . 2005. 综合环境经济核算（SEEA—2003）[M]. 丁言强，等译 . 北京：中国经济出版社 .

联合国粮农组织 . 2004. 联合国粮农组织林业环境与经济核算指南——跨部门政策分析工具 [R]. 戴广翠，等译 .

牛香，王兵 .2012b. 基于分布式测算方法的福建省森林生态系统服务功能评估 [J]. 中国水土保持科学，10（2）：36-43.

牛香 .2012a. 森林生态效益分布式测算及其定量化补偿研究——以广东和辽宁省为例 [D]. 北京：北京林业大学 .

欧盟统计局 . 2004. 欧洲森林环境与经济综合核算框架 IEEAF—2002 [M]. 吴水荣，等译 .

潘勇军 . 2013. 基于生态 GDP 核算的生态文明评价体系构建 [D]. 北京：中国林业科学研究院 .

陈留平 . 2009. 森林资源资产评估 [M]. 北京：高等教育出版社 .

世界卫生组织，联合国环境规划署，等 . 2005. 千年生态系统评估报告 .

舒清态，唐守正 . 2005. 国际森林资源监测的现状与发展趋势 [J]. 世界森林研究，18（3）：33-37.

苏志尧 . 1999. 植物特有现象的量化 [J]. 华南农业大学学报，20（1）：92-96.

王兵，崔向慧，杨锋伟 . 2004. 中国森林生态系统定位研究网络的建设与发

展 [J]. 生态学杂志，23（4）：84-91.
王兵，崔向慧 . 2003. 全球陆地生态系统定位研究网络的发展 [J]. 林业科技管理，（2）：15-21.
王兵，李少宁 . 2006. 数字化森林生态站构建技术研究 [J]. 林业科学，42（1）：116-121.
王兵，宋庆丰 . 2012. 森林生态系统物种多样性保育价值评估方法 [J]. 北京林业大学学报，34（2）：157-160.
王兵，丁访军 . 2010. 森林生态系统长期定位观测标准体系构建 [J]. 北京林业大学学报，32（6）：141-145.
王兵，丁访军 . 2012. 森林生态系统长期定位研究标准体系 [M]. 北京：中国林业出版社，58-124.
王兵 . 2011. 广东省森林生态系统服务功能评估 [M]. 北京：中国林业出版社 .
王兵 . 2015. 森林生态连清技术体系构建与应用 [J]. 北京林业大学学报，2015，37（1）：1-8.
王金南，蒋洪强，曹东，等 . 2009. 绿色国民经济核算 [M]. 北京：中国环境出版社 .
王萍 . 2009. 基于 IBIS 模型的东北森林净第一性生产力模拟 [J]. 生态学报，29（6）：3213-3220.
向书坚 . 2006. 2003 年 SEEA 需要进一步研究的主要问题 [J]. 统计研究，（6）：17-21.
肖兴威，姚昌恬，陈雪峰，等 . 2005. 美国森林资源清查的基本做法和启示 [J]. 林业资源管理，（2）：27-42.
延军平，严艳 . 2002. 陕甘宁边区生态购买设计与操作途径 [J]. 地理学报，57(3)：343-353.
叶荣华 . 2003. 美国国家森林资源清查体系的新设计 [J]. 林业资源管理，3（6）：

65-68.

张会儒，唐守正，王彦辉. 2002. 德国森林资源和环境监测技术体系及其借鉴 [J]. 世界林业研究，15（2）：63-70.

张颖. 2003. 森林资源核算的理论、方法、分类和框架 [J]. 林业科技管理，(02)：11-14，21.

张颖. 2004. 欧洲森林资源核算的估价方法 [J]. 绿色中国（理论版），(05)：46-48.

张永利，等. 2010. 中国森林生态系统服务功能研究 [M]. 北京：科学出版社：2-8.

中国森林生态系统定位研究网络. 2007. 河南省森林生态系统服务功能及其效益评估 [R].

中国森林生态系统定位研究网络. 2010a. 大连市森林生态效益公报 [R].

中国森林生态系统定位研究网络. 2010b. 福建省森林生态服务功能及其价值评估 [R].

中国森林生态系统定位研究网络. 2010c. 广西壮族自治区森林生态系统服务功能及其价值评估报告 [R].

中国森林生态系统定位研究网络. 2010d. 贵州省黔东南苗族侗族自治州森林生态系统服务功能评估 [R].

中国森林生态系统定位研究网络. 2011a. 广东省森林生态系统服务功能及其效益评估 [R].

中国森林生态系统定位研究网络. 2011b. 辽宁省森林生态系统服务功能及其效益评估 [R].

中国森林生态系统定位研究网络. 2012. 吉林省森林生态系统服务功能及其效益评估 [R].

中国森林生态系统服务功能评估组. 2010. 中国森林生态系统服务功能评估

[M]. 北京：中国林业出版社：1-88.

中国森林资源核算及纳入绿色 GDP 研究项目组 . 2010. 绿色国民经济框架下的中国森林资源核算研究 [M]. 北京：中国林业出版社 .

中华人民共和国国家统计局 . 2012. 中国统计年鉴（2012）[M]. 北京：中国统计出版社 .

中华人民共和国国家质量监督检验检疫总局，中国国家标准化管理委员会 . 材种出材率表编制技术规程（GB/T 20381-2006）. 2006.

中华人民共和国水利部 . 2011. 2011 年中国水土保持公报 [R].

中华人民共和国卫生部 . 2012. 中国卫生统计年鉴（2012）[M]. 北京：中国协和医科大学出版社 .

Common M,Perrings C. 1992. Towards and ecological economics of sustainability [J]. Ecol. Econ., 6：7-34.

Constanza R, Arge R, Groot R, et al.1997.The value of the world's ecosystem services and natural capital[J]. Nature, 387：253-260.

Dai Guangcui, Huangdong. China.2006. Environmental and economic accounts for foresty：Case studies of Jiaohe county and fengman district in Jilin Province[J]. Food and Agriculture Organization of the Untied Nations, 126-132.

Daily G C, ed. 1997.Nature's services：Societal dependence on natural ecosystems [M].Washington DC：Island Press.

Dixon J. A. 1993. Biodiversity：Ecology, economics, policy[J]. Ambio, 22（2/3）：117-125.

Fang J Y, Chen A P, Peng C H, et al. 2001. Changes in forest biomass carbon storage in China between 1949 and 1998[J]. Science, 292：2320-2322.

Fang J Y, Wang G G, Liu G H, et al. 1998. Forest biomass of China：An estimate based on the biomass-volume relationship[J]. Ecological Applications, 8（4）：1084-1091.

Goldstein A, Hamrick K. 2013. A report by forest trends’ ecosystem marketplace[R].

IPCC.2003.Good practice guidance for land use, land-use change and forestry[R]. The Institute for Global Environmental Strategies（IGES）.

IUCN. 2006. CEM world conservation union commission on ecosystem management. Biodiversity, Livelihoods[R]. IUCN, Gland, Switzerland.

Klos R J. 2009.Drought impact on forest growth and mortality in the southeast USA：an analysis using forest health and monitoring data[J]. Ecological Applications, 19（3）：699-708.

Lange G. 2004. Manual for environmental and economic accounts for forestry：A tool for cross-sectoral policy analysis. Rome：FAO Forestry Department, 116.

MA（Millennium Ecosystem Assessment）.2005.Ecosystem and human well-being：synthesis[M]. Washington DC：Island Press.

Munasinghe, M. 1992. Environmental economics and sustainable development[R]. Rio Earth Summit, World Bank, Washington DC.

Niu X, Wang B, Wei W J. 2013. Chinese forest ecosystem research network：A plat form for observing and studying sustainable forestry[J]. Journal of Food, Agriculture & Environment, 11（2）：1008-1016.

NiuX, Wang B, Liu S R. 2012. Economical assessment of forest ecosystem services in China：Characteristics and Implications[J]. Ecological Complexity. 11：1-11.

Riemann R, Wilson B T, Lister A, et al. 2010. An effective assessment protocol for continuous geospatial datasets of forest characteristics using USFS Forest

Inventory and Analysis（FIA）data[J]. Remote Sensing of Environment, 114（10）.

Sutherland W J, ArmstrongB S, Armsworth P R, et al. 2006. The identification of 100 ecological questions of high policy relevance in the UK[J]. Journal of Applied Ecology, 43：617-627.

UN, EU, FAO et al. 2014. System of enviromental-economic accounting 2012：Central framework. New York：United Nations, 378.

Wang B, Cui X H, Yang F W. 2004.Chinese forest ecosystem research network（CFERN）and its development[J]. China E-Publishing, 4：84-91.

Wang B, Wang D, Niu X. 2013a. Past, present and future forest resources in China and the implications for carbon sequestration dynamics[J]. Journal of Food, Agriculture & Environment, 11（1）：801-806.

Wang B, Wei W J, Liu C J, et al. 2013b. Biomass and carbon stock in *Moso Bamboo* forests in subtropical China：Characteristics and implications[J]. Journal of Tropical Forest Science, 25（1）：137-148.

Wang B, Wei W J, Xing Z K, et al. 2012. Biomass carbon pools of cunninghamialanceolata（Lamb.）Hook. forests in subtropical China：characteristics and potential[J].Scandinavian Journal of Forest Research：1-16.

Woodall C W, Amacher MC, Bechtold W A, et al. 2011. Status and future of the forest health indicators program of the USA[J]. Environmental Monitoring and Assessment, 177（1-4）：419-436.

Woodall C W, Morin R S, Steinman J R, et al. 2010.Comparing evaluations off oresthealth based on aerial surveys and field inventories：Oak forests in the Northern United States[J]. Ecological Indicators, 10（3）：713-718.

Xue P P, Wang B, Niu X. 2013.A simplified method for assessing forest health, with application to Chinese fir plantations in Dagang Mountain, Jiangxi[J]. China. Journal of Food, Agriculture & Environment, 11（2）:1232-1238.

色季拉山的林芝云杉（陈建伟　摄影）

大兴安岭漫山遍野的原始林（刘兆明　摄影）

天山的雪岭云杉（贾殿周　摄影）